荒漠中的金牛犊
——论西方大众文化的极权魅影

汪骁 \ 著

文化藝術出版社
Culture and Art Publishing House

序

吴 琼

最近几年我都在中国艺术研究院为艺术学的硕士研究生讲授西方美学的课程,大约因为是外来的和尚,同学们总是用宽容和热情作为对课堂的回报。我和汪骁同学就是在课堂上结识的。汪骁同学对理论有着浓厚的兴趣,知识涉猎比较博杂,但他读书很专注,善于把不同学科领域的思想糅合到自己关心的问题中。水到渠成,到毕业的时候,一篇洋洋洒洒十多万字的硕士论文见证了他几年来阅读和思考的轨迹,我也有幸参加了他的论文答辩。现在的这个书稿就是他在硕士论文的基础上修改完善的结果。

这是一位对理论和学术特别痴迷的青年才俊在写作上的初试啼音,不足在所难免,但其决绝的、充满激情的言述方式所焕发的光辉足可以抵消理论上的瑕疵，而这也正是我欣然应承写几句开头语的根本原因。

"大众文化"，法兰克福学派喜欢称之为"文化工业"。从某个角度说，这后一种称谓更为生动、准确地道出了大众文化的存在形态和价值依托。"文化工业"，这个说法不仅揭示了大众文化从生产到传播再到消费这一系列环节所秉承的工业化特质，而且暗示了大众文化本质上的无根性，其与存在之真理的根本性分离。虽然法兰克福学派对文化工业的批判因为夹杂有太多道德主义的价值评判而备受争议，但其引发的诸多话题在今天依然有效，且需要我们在更为多元的文化语境中进行重新的思考。

比如大众文化的意识形态问题。法兰克福学派比较多从意识形态内容的层面揭示了文化工业的意识欺骗，但现今我们知道，大众文化的意识欺骗并不是可见的在场，更多时候那其实是一种隐性的运作。这个隐性运作既涉及文化文本的编码系统或意指结构对意识形态内容的嵌入，也涉及大众对传播机器的结构功能的先在认同，就是说，这个运作其实是大众、机器和意识形态建制的一种合谋，而不是如法兰克福学派指认的统治阶级对被统治阶级的单向灌输。

不妨以电视为例。在网络时代之前，电视无疑是大众文化最重要的传播机器，就是在今天，其重要性也没有因为互联网的冲击而有根本的动摇。电视就像一个不死之物，它已经深深地嵌入了我们的生活，已经被安装在我们身体的某个部位，某个从内部延展出来的外部,并成为了我们身体活动的一个联动部分,成为了真正意义上的"技术性假肢":你只要动一动手指,按下遥控器的按钮,你的视觉就可以延伸到无限的远处;你还可以轻而易举就从一个远处挪移到另一个远处,并把无数的远处移入你的房间,变成在家里便可随意浏览的风景。电视就像一个安装在我们体内的晶片,一个操控性的程序,现如今,不再是电视在我们当中,而是我们在电视当中,不再是电视在复制我们的生活,而是我们在复制电视里的生活,是我们在执行电视里的指令,搬演电视里的人生。在一个电视已经普及到每家每户的世界里,我们的日常性其实就是一种"电视性",我们的生活或我们的日常实践不是被分成"看"电视的部分和"不看"电视的部分,而是被分成"看"电视的部分和"搬演"电视的部分。

电视的真正原罪不在于它的"向钱看",而在于它的搭载销售,它在向人们推销自己的产品或别人的商品的时候,它在承诺给人提供娱乐消遣、购物资讯乃至看似合理的观念认同的时候,也无声无息地——有的时候是明目张胆地——以瘫痪观众意识的方式把许许多多附加的、本来需要接受质疑的社会价值或意识形态信息捆绑到了里面,于是,在对观众的消费欲望及至生活方式进行引导的同时,电视也把一种自我控制的技术引入了观众的意识,甚至通过不断的强迫性重复把这种自我控制的技术内化为观众的某种无意识的本能习惯,使其成为了欲望的一种症候。电视已经成为一种症候,电视就是一种症候,它每时每刻都在生产我们的症候。

电视的功能运作体现在许许多多的方面,但有些方面可能很少受到人们的关注,例如节目编制。

所谓节目编制,就是依照现代人的生活节奏对一天的时间段做功能性的划分,并把每个时间段切分为十五分钟、半小时或一小时这样的片段,然后决定"在什么时间"、"以何种方式"、"对什么样的受众群体"播放"什么样的节目"。节目编制看似是依照人的生活节奏满足人在不同时间的节目需求,而实际上,它恰恰是对人的生活节奏的一种"设计"和"控制",它使人的生活时间变成了电视时间,使人的生活节奏变成了电视节奏,比如那些过电视生活的人最喜欢说"现在是看整点新闻的时间"、"现在是看天气预报的时间",我自己在无聊的时候就喜欢说"现在是看韩剧的时间"。许多时候,我们看电视并不是为了看什么,而只是为了看而看,只是因为"现在是看电视的时间",就像我们经常说的,我们看电视就是为了"消磨时间"。所谓"消磨时间",就是让时间的流逝在我们的意识中变得隐而不现,就是让时间变成一个"零度价值"的东西,用电视的时间来覆盖存在的时间。

电视的节目编制所带来的主体效果决不是让时间的消磨变得更有趣味,而是变得更为隐蔽且更富有生产效应。节目编制是对存在的时间的一种摆布,它把生活的时间分为不同的时间节段,比如先是按照新闻分为几个大的节段:早间新闻的时间、午间新闻的时间、晚间新闻的时间以及午夜新闻的时间,然后再在每个节段中间填充以其他的内容，广告则作为连接词和小品词一样的东西不时地穿插在里面。在这里，节目编制看似是让我们的生活变得有节奏，而实质上它是让生活的节奏变成了电视的节奏，生活彻底受到电视的操控乃至监控。说得更明确一点，主导节目编制的隐秘逻辑是一种主体生产的逻辑，它是把观看者或者说主体当作产品来生产的，它按照一套严密的语法把各种各样的指令输送到作为受众的主体之内，要求或迫使甚至监视主体在电视的时间之外去执行这些指令，不知不觉间过着一种电视的生活。

这里说的还只是电视的一个方面，不过由此已然可以看到大众文化的意识形态运作的一个侧面。

在今天，对大众文化的批判已经不是什么新鲜的话题，但在我们这里，对大众文化的意识形态批判仍显薄弱，即便有，也大都停留于诸如性别政治这种微观政治的层面，而甚少有人对大众文化的总体政治做深刻反思。汪骁的这部书稿在这个方面恰好用力甚多，作者以激进的口吻直面大众文化的意识形态问题，单凭这番批判的勇气就值得我们关注。

目录

引言 / 1

第一章 荒漠：19世纪末的文化和信仰危机 / 13
第一节 倾圮的神像 / 15
第二节 父亲与父法 / 34
本章小结 / 52

第二章 金牛犊：希特勒、大众与极权主义社会 / 55
第一节 大众的"狂欢节" / 57
第二节 倒错的欲望——极权主义 / 71
本章小结 / 106

第三章 不灭的父法：战后西方世界的大众文化 / 109
第一节 隐而不现的权威 / 111
第二节 西方理论界有关大众文化的争论 / 126

第三节　现代西方社会的父法与大众文化 / 152
本章小结 / 202

第四章　漫长的征程 / 205
第一节　现代社会的自由危机 / 207
第二节　永远的反抗 / 216
本章小结 / 226

结语 / 228
参考文献 / 231
后记 / 240

引 言

19世纪末,正当人类为理性的胜利而沾沾自喜时,现代性危机悄然拉开了序幕。科学在探究自然真相的同时,也粗暴地剥去了包裹在真理身上的那件神圣的霓裳。这件外衣之于人类,不仅仅是迷惑性的,也是保护性的。人类此时不得不毫无防备地直视究极真实的刺眼光芒。在希腊神话中,狄俄尼索斯(Dionysus)的母亲塞墨勒(Semele)因为看到了宙斯(Zeus)的真身——闪电——而被雷火活活烧死。同样的,人类在无止境地追求世界之真相的同时,也被其光热所灼伤。当然,这并不意味着人类应该收起求知欲,这则神话毋宁是在说:人类在对世界的本原进行追问之前,是否已经做好了充分的准备,无论真相是如何的令人难以承受?

现代性危机的余波至今未平。幻灭与堕落、终结和死亡成为了现代社会无法回避的主题:神话已死——自从文艺复兴以来的天文学革命,日心说迅速代替了地心说,引发了自然科学的革命。人类自我意识和理性思维能力开始膨胀，一切有关自然的迷思荡然无存；王权已死——法国大革命第一次推翻不可动摇的君权神授论，使得一切环绕在人类权威头顶上的神圣光辉逐渐黯淡；上帝已死——上帝已经无法成为人类社会的终极道标，在传统与现代大碰撞中，人类的道德标准出现了巨大的危机。凡是往昔具有至高无上地位的权威，如今都被请下了神坛。这些现象的背后，折射出的是人类荒凉的精神家园。人们无奈地看着一切都在崩坏而无力回天，颠扑不破的真理不复存在，世界在常人眼中呈现为一片虚无主义的荒漠景象。

按照当初的美好设想，理性和科学技术的胜利应当为人类带来无限的希望，但在 20 世纪，其成果却是毁灭性的。20 世纪的两场世界大战和令人刻骨铭心的法西斯极权主义已经无疑印证了这一点，在这两场战争中，人类动用了最先进的科技武装军事力量，甚至发展出了可以瞬间毁灭整座城市的武器——原子弹。以赛亚·伯林（Isaiah Berlin）直言不讳地说："二十世纪在西方历史中是最可怕的世纪。"在慌乱和黑暗当中，人类盲目地寻求任何方式以求自保。许多人复归了宗教的怀抱，这或许是一种缓解心头焦虑的方法。现代西方社会的种种现象表明，宗教正在复兴。应当承认，在宗教中重树一个伟大父亲的形象，是一个十分便捷的方法。这不禁让人想起了弗洛伊德（Sigmund Freud）的假说。弗洛伊德认为现代人类的尴尬境地可以用《图腾与禁忌》中"图腾宴"的故事来加以阐释。根据弗洛伊德的描述，在史前社会，人类曾生活在这样一个群体中，这个群体中的主要冲突发生在威严的父亲和处处受压抑的儿子们之间。儿子们无法忍受父亲残忍的暴政，便合谋杀死了父亲。但父亲死后，儿子们心中却产生了一种令人费解的矛盾心理：

> 他们恨自己的父亲，因为他父亲是他们在权力欲和性欲上一个难以克服的障碍，不过，他们却又热爱并羡慕他。当他们摆脱掉父亲之后，他们满足了心理上的恨和那种对父亲加以承认的希望，同时，那些复杂的感情也在心理上涌现。①

科学曾经推翻了宗教的统治，然而今天人们却回过头在宗教中重新寻找心灵的安慰。宗教，而不是科学，反而成了现代人的救命稻草。世界各地似乎都有宗教复兴的迹象（尽管复兴的形式各不相同），仿佛父亲的光辉形象又重返人间，继续引领着他的子民向彼岸世界进发。但尽管宗教仍能给人类的心灵带去一丝慰藉，它仍不能从根本上解决现代性的危机。2001年，在塔利班极端分子的破坏下，阿富汗的巴米扬大佛轰然倒塌。在很多人看来，这一事件极具象征意味：宗教所塑造的永恒真理，就如同这尊巨型佛像一样，在科学理性的产物——炮弹的轰击下灰飞烟灭。尽管宗教百般为自己辩护，但在信仰自由的时代，回归宗教的行为在无神论者和怀疑论者看来终究是不可靠的，这本身就说明了传统的宗教不再是一种一劳永逸的、具有普适性的解决方式。

---

① ［奥］弗洛伊德著：《图腾与禁忌》，文良文化译，北京：中央编译出版社，2009年，第184页。

就本文来说，现代宗教并非我们探讨的焦点，因此在这里也只是顺带一提。但是现代宗教的复兴迹象却给我们提出了一系列问题：**曾经被否定的传统权威，为何如今又一次逐渐获得合法的身份，并再次活跃在世界的舞台上呢？**人们的行为为什么会出现这种诡异的反复？难道不正是我们亲手将这些权威从高高在上的位置上拽下来的吗？回顾20世纪的历史我们发现，人们对父亲的思念之情甚至致使他们不惜一切代价为父亲招魂。不幸的是，在20世纪上半叶，德国人为父亲招魂的行动却造成了一场史无前例的大灾难——极权运动。纳粹极权主义也试图重建一个父亲的形象，这就是元首希特勒，但这种行为的后果却是战争和屠杀。在今天看来，极权主义的危害已经暴露无遗，人类在进行深刻的反思后，已经彻底抛弃了这条道路。极权主义绝不是解决现代危机的真正方法，它只是煽动、诱惑人类的思想和情感。对于现代社会的危机，极权主义仅仅只是加以粉饰和掩藏，实际上它什么问题也没有解决。

回过头来，让我们再一次思考这个问题：**人类对于原始父亲的这一矛盾的心态究竟从何而来？人们为何就像弗洛伊德所说的那个"图腾宴"的故事一样，一边杀死父亲，一边又极力缅怀他？假如弗洛伊德的这一假说成立，这是否意味着未来有一天父亲还会降临人间？**对这一系列问题的解答，我们这里先按下不表，下面很快我们就会对此给出一个初步的解答，并在接下来的章节中具体阐释这个问题的答案。

击溃了20世纪最大的恶魔后，西方世界迎来了最喧闹的时代,这也是一个以"自由"和"多元"为口号标榜自身的大众文化的繁荣时期。看上去,这个时代与之前极权主义的黑暗年代是风马牛不相及的(正常人都不会把它们直接联系在一起)。西方热闹的大众文化现象总是引得我们这些中国人羡慕不已,我们的儿童缠着父母到麦当劳里大快朵颐,青少年享受着大洋彼岸的流行歌曲和电子游戏带来的感官刺激,成年人则喜欢走进电影院欣赏制作精良的好莱坞大片,或是在电脑上观看西方那些充满奇思妙想的电视剧。在近十几年中,我们更是快马加鞭地建设中国自己的文化产业,积极发展中国的文化力量,甚至力图与西方的大众文化一较高下。

但是就在大众文化的发源地,西方理论界围绕着大众文化的争论声却从来没有停止过。西方人对大众文化这种又爱又恨的吊诡态度令我们这些抱着一腔热情要发展大众文化的中国人愕然:"怎么,大众文化还能是坏东西不成?难道大众文化不正是人民群众最渴求的东西吗?发展大众文化既能满足群众的文化需求,又能充分发挥我们劳动人民的创造力,还能促进社会经济的发展,这样的事情何乐而不为?"在惊讶和不解之余,许多中国人(包括我自己)展开了一场知识的远征,他们决定置身于西方的理论中,来看看大众文化——这个让西方人抱有矛盾心态的复合体,其真实面目究竟如何。

当进一步深入到西方大众文化的理论中时,我们发现大众文化的面貌的确不像我们中国人想象的那么简单。资本主义的大众文化会不会给社会主义造成危机,这一点此处暂且不谈,因为它牵涉到一个更为复杂的问题,即意识形态和国家文化安全的问题。而这一点并不是本文所要重点关注的对象——尽管我在接下来的行文中也会适当地提到这个敏感的问题。我们更加关注的是,大众文化可能会在西方世界内部引起哪些意想不到的麻烦。在20世纪的西方学术界,知识分子对于大众社会和大众文化的问题始终保持着高涨的热情,各派的理论多到令人咋舌。要之,在二战后对大众文化保持批判态度的,主要有德国的法兰克福学派以及一些法国的后现代主义者们。

先简单说说法兰克福学派。法兰克福学派本身就是一个思想十分庞杂的学术团体,其中大多数人都对现代大众文化提出了严厉的批评意见。马克斯·霍克海默(Max Horkheimer)和西奥多·阿多诺(Theodor Adornor)对于工业社会文化生产和消费过程的批判,引起了人们对"文化工业"(culture industry)的警觉。赫伯特·马尔库塞(Herbert Marcuse)在20世纪60年代的学生运动中被誉为"青年造反者的明星和精神父亲",他将发达工业社会的罪恶归根于现代文化和技术,因而主张对现代社会的"大拒绝"。艾里希·弗洛姆(Erich Fromm)坚持认为,我们今天的生活仍然受到一种"匿名权威"的干涉,这些"匿名权威"就隐藏在我们的日常生活和大众文化当中,因此需要警惕。而瓦尔特·本雅明(Walter Benjamin)则是法兰克福学派中一位特殊的人物,与马尔库塞等人坚决批判大众文化的态度不同,本雅明对艺术复制和文化工业的一些辩护性观点和看法也使得他特立独行于法兰克福学派。

不可否认,法兰克福学派从整体上呈现出来的文化精英主义的态度是应该被超越的。迈克·费瑟斯通（Mike Featherstone）就对此提出了批评："法兰克福学派认为，文化产业产生了一种威胁个性与创造性的同质性大众文化。"然而法兰克福学派的这种精英主义论调无法被大众理解，因为"其精英主义的论调，在考察复杂而又差异纷呈的观众反应及对商品使用的实际消费过程时，显得无能为力，这正是他们遭到人们批评的地方"①。简而言之，他们尽管有着悲天悯人的情怀，然而其高傲的姿态却令普通人望而却步。

在当今学术圈中，法兰克福学派的风头早已被英国的伯明翰学派和法国的后现代知识分子们抢去了，但它的影响力以及批判深度却一直让人记忆犹新，他们对晚期资本主义和大众文化中暴力色彩的深刻认识已影响了许多左翼知识分子。尽管有些人认为法兰克福学派已经过时了，但是他们对于文化工业和大众媒体的批评是恳切的。尤其是，法兰克福学派一直致力于生命自由意志的解放，将马克思的异化观进一步发展，期望通过爱与劳动来重建一条人与社会的健康纽带，他们的观点或许有些不切实际，但他们良善的初衷却无论如何也不应当否认。

20世纪下半叶，就在英国的伯明翰学派和许多北美的文化研究者为大众文化大唱赞歌之时，法国的知识分子却接过了法兰克福学派未完成的工作，对现代社会（以及大众文化）进行新一轮的批判。永不妥协的福柯（Michel Foucault）从没有停止过对现代社会的炮轰；而自诩是知识的"恐怖主义者"的鲍德里亚（Jean Bau-

---

① [英]费瑟斯通著：《消费文化与后现代主义》，刘精明译，南京：译林出版社，2000年，第22页。

drillard)则像是这个消费社会、网络时代的先知,在他天马行空般的描述中,当代社会的弊端都在他的书中一一浮现;诡秘的拉康(Jacques Lacan)虽没有福柯那般激昂的姿态,其理论的激进性却丝毫不亚于后者。就本文而言,拉康的观点尤其值得我们注意,正是他点出了上文中我们没能回答的那个问题的答案:**父亲的形象虽然总有一死,但父法(Loi)却与人常在**。

法国后现代主义者的目光的确是独到的,因为他们发现了英美的文化研究者所没能认识到的问题:当代社会身处一个号称自由平等的时代,但人们却为各种社会建制(你称之为"现代资本主义世界的父法"也无妨)所制约,这实际上仍是一个受到极大束缚的社会。而大众文化既是这个受约束社会的产物,同时它也起到了进一步规训人们的思维,使原有的社会价值观进一步固化的作用。尽管各种各样的权威已经化作了历史的尘埃,但是父法却一直没有消失过。父亲的身影虽然在号称自由的、充满张力的大众文化中缺席了,但吊诡的是,正是这一缺席却加强了父法的力量,并且将最终见证父法的在场。

就此而言,大众文化产生了一种类似于极权主义的危险。当然,我们不能因此贸然宣称,当今世界就是一个大众文化的极权社会,因为这显然忽视了如下事实:当今世界正变得更加多元化,各个民族的文化正变得更加平等,人类正变得更加自由。另一方面,大众文化也有其积极的社会意义,它在某些时候的确能够激活社会的活力,并且自身也呈现出不断突破更新的特点。布尔迪厄就认为电视本身就可以用来给电视造成的幻象"解魅",因此他在90年代初就利用电视这一媒体举行了两场有关电视本身的讲座，这确实是一个勇敢的举动。但不可否认，今天的大众文化正试图通过创造一系列诱人的"景观"（Spectacle）来控制人类的思维和价值观，而躲在景观背后的魔手，正是资本主义世界的法则。极权再度袭来的危险，的的确确就存在于当下的社会中，这是任何一个明智的观察者都不可否认的。

所以我们中国人应当看到，大众文化是一把"双刃剑"，我们在为大众文化的到来欢呼雀跃时，切不可忘记随之而来的、可能会产生的副作用。因此在这篇文章中，我将重点关注大众文化的批判理论——因为无论在中国还是西方，为大众文化唱赞歌的人实在是太多了（其中有些人纯属跟风，另一部分人连大众文化的基本概念都搞不清），以至于有些观点已经成了陈词滥调。而这些唱赞歌的人中还不乏许多"浑水摸鱼"者，他们仅仅是想借着建设文化产业的东风赚个盆满钵盈罢了，至于大众文化究竟是什么、究竟会对社会造成什么长远的影响，他们一概不予考虑。这些人着实令人生厌（我不是一个喜欢听漂亮话的人），也使我下定决心做一回吃力不讨好的笨蛋，做一回指出皇帝没有穿衣服的"无知"小儿。

简要地进行了一场令人兴奋的知识巡礼后，下面还是让我们把目光回归中国。回到中国当下的现实语境当中，我们不难发现中国社会和文化目前也正在遭遇着一场信仰危机。当所有的权威形象都分崩离析时，中国人应该信仰什么？这一现象尤其反映在20世纪80年代的伤痕文学中。在那时的文学作品中，一个普遍的主题便是"寻父"：不仅仅是寻找生父，也是在寻找可以让我们的心灵有所依靠的精神父亲。当今人们普遍感叹，中国人失去了信仰的支柱，尽管本文作者并不同意这种说法，但这一社会上普遍存在的观点的确值得人们进一步思索：未来中国人的精神家园何在？未来人类的精神寄托又在何方？在这篇文章中，由于篇幅、时间以及能力的限制，我并没有对这个问题进行正面回答。但我相信，中国人在这一问题的思考上并不孤独，因为在一个世纪以前，西方人也同样经历了并至今仍在思考信仰危机这一问题。基于文化和信仰危机是一个现代社会普遍遭遇的问题，作者相信，尽管存在着中西理论范式转换的困难，但是通过对西方社会历史和文化现象的初步解读，中国能够更好地从中吸取经验。正如拉比诺（Paul Rabinow）借利科（Paul Ricoeur）的话所表达的观点，我们希望"通过对他者的理解，绕道来理解自我"[1]——尽管认识他者本来就已经是一件很困难甚至不可能的事了！作者也更希望通过接下来的论述，能够对现代人类躁动不安的原因加以分析。

在引言的最后，我还想借《圣经》中的一个典故来加强我的观点。《旧约·出埃及记》中记载了这样一件事：摩西在带领以色列人走出埃及后，来到了西奈山脚下。此时，摩西上山去领受上帝的十诫，整整40天没有下山，而将百姓留在了山脚下。在摩西上山去的这段日子里，百姓们就在荒漠中铸造了一头金牛犊神像，向这座神像献燔祭，并围着它唱歌跳舞。下山后的摩西见此情景勃然大怒，竟然把上帝赐予的写着十诫的石板都摔碎了。他还将金牛犊焚

---

[1] ［美］拉比诺著：《摩洛哥田野作业反思》，高丙中等译，王晓燕校，北京：商务印书馆，2008年，第25页。

毁，并且严厉地惩罚了以色列的百姓。

这个典故与接下来的这篇论文之间有什么关联呢？我们注意到，百姓建造金牛犊的时间，正是摩西上山领取十诫之时。这仅仅是一个巧合吗？我认为并非如此：正是在以色列人传统的精神领袖（摩西）暂时消失的这段日子里，人们感到了惶恐不安，人们于是通过建造金牛犊的方式，来暂时缓解这种"丧父"的痛苦感；但当摩西带着父法的象征物——刻有十诫的石板——回到百姓中间时，以色列人遭到了摩西和上帝的严惩。要之，铸造金牛犊的行为给以色列百姓带来了灾难，而在摧毁了金牛犊之后，以色列人的信仰力并没有因为失去了具体的崇拜物和遭到了杀身之祸而削弱。恰恰相反，上帝/父亲的权威得到了最大程度的加强。

这不正像是整个20世纪的西方社会的缩影吗？现代社会呈现出一片荒芜的景象（需要注意的是，这片名为"现实"的荒漠一直存在着，只是以前人类一直没有注意到罢了），正像是以色列人所处的那片沙漠，所以第一章的主标题起名为"荒漠"。在第二章中我们看到，20世纪初，遭遇了信仰危机的德国人转而崇拜希特勒这尊"金牛犊"——一个假装成父亲的伪神，甚至许多欧洲人最初也对极权主义抱有同情，结果招致了一场可怕的灾难。在二战后的大众文化中，当人们砸碎了希特勒这尊"金牛犊"后，似乎父亲的形象又一次消失了；但不就是在这父亲形象缺位之时，现代资本主义社会固有的逻辑才在大众文化的某些领域中得到了空前的强化吗？它在未来会不会再次变成一种极权主义式的威胁呢？这也是第三章所要重点阐述的内容。

本文将会把焦点集中于 19 世纪末以来的西方社会，因此难免会脱离中国的实际情况。在此，作者不敢也不想提出什么完整的解决方案，因为那是一件人类的语言和文字不可能完成的任务。历史上曾有一些人佯称自己有一套天衣无缝的方案，可以一劳永逸地解决各种社会顽疾，但最终被历史证明为是荒谬、虚无的产物（纳粹就是一个典型的例子）。这里我们所能做的也仅仅是"坐而论道"，而人类真正的出路，必然在未来不断进行的试错和不断完善的计划中寻找到。

第一章
荒漠：19世纪末的文化和信仰危机

第一节　倾圮的神像

一、传统世界的祛魅和解体

在近代文明史上,自然科学的飞跃是一个引人瞩目的现象。近代以来,自然科学(尤其是天文学)取得了重大突破,其功绩不仅在于它带来了新的世界观,更在于它极大地改变了人类获取知识的方式。古代社会的人类只有通过上帝的神谕、先祖的法典或国王的敕令获取知识,这种知识披着一层神圣的外衣,无人敢加以质疑。而近代天文学"背叛"了这些传统权威的律令:哥白尼(Nicolaus Copernicus)通过长期观察,创立了日心说,把地球从宇宙中心的位置挪开了,这一胆大包天的举动破坏了传统宇宙的等级秩序。随后,开普勒(Johanns Kepler)又用严密的数学公式证明了日心说,完成了哥白尼未竟的事业。两人合力推翻了统治千年的托勒密(Claudius Ptolemaeus)"地心说"体系。

虽然近代科学最初仍躲在传统权威的巨大阴影中瑟瑟发抖(哥白尼直到临终时才敢将他的《天球运行论》出版),但天文学的进步毕竟是一个具有里程碑式的成就:人类不再依靠权威的话语获取知识了,知识必须通过观察和证明来获得,"不劳而获"的知识不具有合法性,上帝的话语也因此遭到了重重质疑。所以,当拉普拉斯（Pierre‐Simon Laplace）被问及他将把上帝置于他的世界体系的何处时，他说："抱歉，我不需要这个假设！"

传统的世界观被抛弃了，尽管并不彻底。人们沉浸在理性的光辉喜悦中，坚信科学将会使世界彻底"祛魅"（disenchantment），这意味着科学将把蒙昧和过去所有的幻觉全部打破。人类相信，只要不断沿着理性的指引，就一定会拥有全知全能的力量：

> 有些事情，只要一个人想知道，他任何时候都能够知道；从原则上说，再也没有什么神秘莫测、无法计算的力量在起作用，人们可以通过计算掌握一切。而这就意味着为世界祛魅。人们不必再像相信这种神秘力量存在的野蛮人那样，为了控制或祈求神灵而求助于无数手段。技术和计算在发挥着这样的功效，而这比任何其他事情更明确地意味着理智化。①

然而很快我们将会看到，这样一个被科学理性消解了神圣性的社会，是如何与之前的传统世界形成断裂并造成今天的混乱的。一个重要的原因是，科学证明了人类只是自然演变中一个偶然的产物，而并非神明的造物：

> 这种祛魅的观点意味着，不仅在"自然界"，而且在整个世界中，经验都不占有真正重要的地位。因而，宇宙间的

---

① ［德］韦伯著：《马克斯·韦伯社会学文集》，阎克文译，北京：人民出版社，2010年，第136—137页。

目的、价值、理想和可能性都不重要,也没有什么自由、创造性、暂时性或神性。不存在规范甚至真理,一切最终都是毫无意义的。①

传统世界的祛魅使人类陷入了空前的思想混乱中。一方面,人类成了自然世界千变万化之下的随机产物,因而人的生命并不存在一个预设的价值观。对于人类的自由来说,这的确是巨大的解放;但另一方面,人类则不得不忍受一个毫无意义和目的的世界,任何以目的因对世界加以阐释的观点均被抛弃。人类的存在不再具有终极的意义,它甚或根本就没有意义。传统意义上的"善"曾经作为世界的终极价值,如今也在世界的祛魅和宗教信仰的衰落过程中被无情地消解了。我们被迫生活在一个随时可以被颠覆、解体和重构的社会中。

在世界的祛魅过程随着传统世界观一起消亡的,还有等级社会的价值观。在中世纪,甚少有人对等级社会的合法性提出质疑。农民的社会地位固然极低,然而他们却安于生活在这样一个等级社会中。农民起义在西方中世纪的历史上十分罕见,因而有人认为中世纪欧洲几乎没有农民起义。另一方面,虽然上层社会也蔑视农民,在文学作品中农民常常也被描绘成愚蠢无知的形象。但是相比之于当时的犹太人、麻风病人等完全被主流社会所排斥的群体,农民并未被视为异类。那一时期的许多文学作品中也充满了对农民的感激

---

① [美]格里芬著:《后现代科学——科学魅力的再现》,马季方译,北京:中央编译出版社,1995年,第4页。

之情,有很多诗人有感于农民们的辛勤劳作,写下了大量赞美他们的诗篇。

农民阶层在西方的封建社会中始终保持着少见的稳定性,其原因也许可以直接在《圣经》中找到。在早期基督教中,穷人和弱者往往都是上帝宠爱的对象:根据《圣经》的记述,耶稣出生在伯利恒的马厩中,他在尘世时是一个卑微的木匠,奉行苦行主义。他身边的信徒中也有许多同样出身卑微的人:彼得曾是加利利海边的一名渔夫,而抹大拉的马利亚则据说是一名妓女。耶稣从不排斥社会的弱势群体,《圣经》中也记载了他是如何医治好了瘫痪病人、血漏妇女和盲人的。在早期基督教中,社会底层是可敬的。而相反,富人则无法进入天堂,因为富人们是不被上帝所祝福的,所以早期基督教教导富人应当怜恤弱者,将财产分给穷人。要之,在基督教最初的教义当中,穷人——而不是富人——才是最终注定要得到拯救的。

然而17世纪以后,这种情况完全颠倒了过来。马克斯·韦伯(Max Weber)注意到新教的财产观念中发生了一些值得注意的变化:

> 一方面,现世的新教禁欲主义猛烈地对抗着自发的财产享受并限制着消费,尤其是奢侈品的消费。另一方面,它有着把获取财货从传统经济伦理中的桎梏中解放出来的心理效果。在这一过程中,禁欲主义新教打碎了限制所有获利努力的束缚——不仅是通过将营利合法化,而且(以这里所呈现

的方式）通过把营利视为上帝所意欲的途径。①

这套新的财产观念与过去的不同之处在于，新教的财产观念是经济理性主义的。虽然贪图享乐的行为仍然遭到谴责，但此时赢利的努力已经被视为了一种"天职"（Beruf），是上帝赋予的职责。新教改革产生了"天职"的概念，并成功地对人类职业生涯进行了道德辩护。马丁·路德（Martin Luther）认为"对现实职责的履行构成了取悦上帝的唯一方式。这一履行，而且唯有这一履行，是上帝的意志"②。因而商业获利活动被视为是得到救赎的证明：成功意味着得到恩宠和救赎，而失败意味着背负耻辱和诅咒。显然，这已不是等级社会中的那个体恤弱者的上帝，而是一个布尔乔亚的上帝，一个始终充满了开拓欲望和探险精神的上帝。因此，新教的财产观念完全公开了布尔乔亚对金钱的渴望，并使这种愿望在教义中得以合法化。

最终，甚至连贪图享乐的行为也被纳入了经济理性的范畴中。传统社会将农民视为社会财富真正的创造者，其他社会阶层虽然高贵，但离不开农民的勤苦劳作；而如今，中产阶级的羽翼日渐丰满，他们自视为社会前进的推动力量，认为富人对奢华的追求和对奢侈品的消费才是社会财富的源泉。例如休谟（David Hume）在《论奢华》中就提出了如下观点：

---

① ［德］韦伯著：《新教伦理与资本主义精神：罗克斯伯里第3版》，［美］卡尔伯格英译，苏国勋等译，北京：社会科学文献出版社，2010年，第110页。

② ［德］韦伯著：《新教伦理与资本主义精神：罗克斯伯里第3版》，［美］卡尔伯格英译，苏国勋等译，北京：社会科学文献出版社，2010年，第48页。

在任何一个国家,如果人们无意追求奢华的生活,那么,人们会变得懒惰,失去对生活的兴趣,他们对社会也将毫无益处,而由他们组成的社会甚至不能维持这个国家的海、陆军队。①

布尔乔亚将赢利和奢侈行为都视为经济理性的象征,而把贫穷唾为一种非理性和不道德的生活方式。福柯在《古典时代疯狂史》中分析到,理性时代的道德观念将贫穷与犯罪、私生活放荡、游手好闲等都视为社会的罪恶。这些罪恶被视为"疯狂",最终被统统关进了社会惩戒和矫正机构中。贫穷,曾经的高贵者,如今沦为启蒙时代的罪人,被深深地囚禁于禁闭所的高墙内,排斥于社会之外。直到19世纪中叶人们认识到,经济危机和大规模失业也会在客观上造成贫困时,贫穷才会被重新解放。然而,"贫穷是羞耻"的观念,时至今日已经深深地印刻在人类的记忆深处。在今天,贫穷不仅仅意味着被低水平的物质生活所困扰,它还意味着深陷一种被歧视的状态,而后者在今天是一种更为深刻的恐惧。

由此,我们可以总结出这一新时代中财富和道德之间的换算公式:一个人聚敛钱财或者挥金如土是正当的,因为他发挥了自身理性的作用,奢侈的生活是对他辛勤劳动的报偿,因此富有是美德,

---

① [英]德波顿著:《身份的焦虑》,陈广兴等译,上海:上海译文出版社,2011年,第70页。

富人是值得尊敬的；反之，一个人陷入贫穷是咎由自取，因为他未曾用理性创造财富，所以贫穷是不道德的、疯狂的行为，穷人成为了社会鄙夷的对象。不可否认，这套公式在今天已经遭到了众多质疑，许多人在积极地为穷人的权益辩护，但它依然在很大程度上是有效的。

在这个被祛魅的世界中，安分守己的传统社会秩序完全不能满足新时代人类的探险欲和求知欲，田园牧歌式的宁静生活被彻底打破了，浪漫主义文人为传统社会写下了一首又一首悼词，追怀逝去的似水年华。等级社会的秩序就此瓦解，稳固的等级观念被一种永不满足的经济理性彻底摧毁。总而言之，传统社会的世界观和价值观已被颠覆，其结果是人类创造了一个自由社会。但一个自由的社会又意味着什么？我们不应否认自由社会的进步意义：进入文明阶段后，人类第一次打破了阶级的束缚，人与人终于在身份上实现了平等。但自由社会也有自身的困扰：在中世纪，人们以自己所从事的工作作为身份的标志，这一标志具有恒久性和稳定性。而等级社会的解体，意味着身份和地位不再是一成不变的。从理论上说，自由社会中人的地位不再取决于出身等级的贵贱，而是更多地与天赋和才能的高低联系在一起——农民有可能一夜暴富，贵族也有可能顷刻间一无所有，甚至国王也有可能命丧断头台。在现代的自由社会中，人获得了向往已久的自由，却又面临着新的困扰——身份的危机。因而，自由社会也可能意味着这样的情形，在这个社会中众人处于群龙无首的状态中，没有任何一个人或者机构对其他所有人拥有绝对的权威。在这样一个丧失了绝对权威的社会中，群氓

(the mass)① 将会一跃成为了社会的主角。

二、群氓的崛起和文化精英的危机

人的发现无疑是近现代思想史上的伟大成就。个体的人能够从群体的阴影中显现，理性显然功不可没。正是理性让人类发现了感官的不可靠，并在"我疑故我思，我思故我在"的普遍怀疑中感知到自身的存在。因此人们猜测：既然个人可以合理地动用他的理性，那么集体作为个体的集合，不仅力量会远大于个体，其行动也将更加理智。

可现实生活里的情况与此推断大相径庭。第一，当人们处于群体之中时，看似独立的主体的行为有时丝毫不受理性的控制，常常会做出不可思议的举动。第二，独立状态下个人的行为与群体中个体的行为之间往往天差地别，人在群体中往往会变得过分热情或者暴躁，仿佛个人理性完全不起作用。因此第三，由这些个体所构成的群体具有令人战栗的巨大力量，仿佛一头庞然巨兽。种种矛盾与恐惧不禁让人怀疑：难道理性在集体中就不复存在了吗？群体为何

---

① 在中文大众的文化理论研究中，mass culture 和 popular culture 通常都被译为"大众文化"。然而实际上在英语里，mass 一词往往带有贬义。根据《韦氏词典》的解释，mass 意为"一个由数量众多的人组成的结构紧密的群体"（a large body of persons in a compact group）或者"与精英阶层对立的广大人民"（the great body of the people as contrasted as with the elite）。可以看出，如今词典中对 mass 的定义是中性的。但早期在使用这个词汇时总是带有消极色彩，因此也有一些翻译者在翻译时将 mass 译为"群氓"。在早期英语世界文化研究的语境中，群氓（the mass）通常是指这样一个人类集群：在这个集群中每个人各行其是，缺乏秩序；这个集群与社会精英团体对立，他们在数量上远超精英团体，并且都不是社会的特权阶层。换而言之，这个词在早期与"暴民"（the mob）的语义基本上是等价的。

能够拥有一种令人胆战的巨大力量？以上这些问题正是现代社会心理学观察和思考的起点。

18世纪末，一个历史性的事件标志震撼了整个欧洲，这就是法国大革命。大革命的高潮阶段，国家的掌权者如走马灯般不断变换：从封建贵族和大资产阶级（君主立宪派），到工商业资产阶级（吉伦特派），再到中小资产阶级（雅各宾派）。激进派对这场大革命的成就大加赞扬，而众多的保守主义者则惊恐不已。埃德蒙·伯克（Edmund Burke）在与一位法国友人的书信中这样写道：

> 我对革命……感到厌恶；……对一切古老制度……的全盘鄙弃，正在你们那里风行，并且可能也要在我们这里风行：……我们在海水的两岸不应该让自己被某些人的假货所欺骗，……英格兰的人民并不要模仿他们所从未试验过的模式，也不会回到他们经过试验而发现是灾难的款式。①

伯克观察到，理性被革命的浪潮瞬间淹没，所有的传统、信仰和道德灰飞烟灭，革命后的社会将无法在秩序中重生，这是虔诚的伯克所不能接受的。另外，伯克发现了非理性在革命中的作用，认为这是法国陷入无序和恐慌的根本原因。在《法国革命论》中，伯克虽然没有明确提出"群氓"（the mass）的概念，但他对群体力量的恐惧却是显而易见的。与伯克一样，莫泊桑（Guy de Maupas-

---

① ［英］伯克著：《法国革命论》，何兆武等译，北京：商务印书馆，1998年，第33—34页。

sant）也坦言自己"对群体有一种恐惧……他们让我有一种奇怪的、无法忍受的不安全感，一种极度的痛苦"。托克维尔（Alexis de Tocqueville）尽管衷心赞美美国的民主制度，可也不时地流露出对"多数的无限权威"的忧虑："假如有一天自由在美国毁灭，那也一定是多数的无限权威所导致的。因为这种权威会使少数忍无可忍，从而诉诸武力。"①

　　风起云涌的大革命让欧洲人对群氓的巨大力量深有体会，并形成了一种持久的记忆。作为社会心理学的奠基人，法国人古斯塔夫·勒庞（Gustave Le Bon）也注意到了群氓的巨大力量，但他采取了更为坦诚的方式直面这种恐惧。他对充斥于中产阶级和文化人中的群氓恐惧症不屑一顾，认为他们在慌乱中的做法根本没有击中要害。

　　勒庞试图以一种更加理性的方式看待现代社会的群众运动。纵观《乌合之众》一书，勒庞认为群体中个人固有的思想感情常常会发生偏移，并且改变原有的性格，甚至丧失理智："孤立的他可能是一个有教养的个人，但在群体中他却变成了野蛮人——即一个行为受本能支配的动物，他表现得身不由己，残忍而狂热。"② 勒庞提出了造成这种现象的三点原因：首先是个人借群体之声势，获得了一种不可阻挡的力量。社会法律和禁忌都被这股力量轻易地击破，因此他敢于做出平日不敢做的事情；其次，群体中存在着传染的现象，群体的情感和行动极易在个体之间传播；最后，从群体情

---

① ［法］托克维尔著：《论美国的民主》，张杨译，长沙：湖南文艺出版社，2011年，第181—182页。
② ［法］勒庞著：《乌合之众——大众心理研究》，冯克利译，桂林：广西师范出版社，2010年，第51页。

感的传染现象中,勒庞又得出了进一步的结论:群体极易受到暗示,就像进入了一种集体催眠状态。群体中的个人像是一个无知觉的木偶,受到群体力量的操纵而且毫不反抗,似乎个人在不知不觉中将一切判断的权力都交给了群体。

另外勒庞还发现,个人理智在群体活动中消失了,取而代之的是一种群体的普遍面貌。他揭示了群体当中隐藏着的一条规律,法国心理学家塞奇·莫斯科维奇(Serge Moscovici)称之为群氓智慧的"中值定律"——群体智慧并非个人智慧的简单相加,它更像是取其平均数,因而群体的理智程度并非由最有智慧的人来决定,相反它取决于群体的平均水平,勒庞甚至还说"群体中累加在一起的只有愚蠢而不是天生的智慧"①。个人的智慧和个性在群体中有被"削平"的趋势,个人的理性往往在群体中无法发挥作用。在群体力量的裹挟下,个体的特点被抹消,"平庸化"的现象在群体中随处可见,人变得盲动和顺从。

一些观察者认为,群体中普遍存在着道德沦丧的现象,因此对群氓抱有恐惧心理。就这一观点勒庞提出了不同意见:"群体从来不受理性的指引,是否该对此表示遗憾?我们不必贸然称是。"②勒庞认为,有时正是这种非理性的力量激励着人类走上了文明之路。勒庞承认群体的确会在激情的作用下犯下杀人放火的罪行,但历史上也不乏一些行为高尚的群体。他举例说,1789年的法国贵族

---

① [法]勒庞著:《乌合之众——大众心理研究》,冯克利译,桂林:广西师范出版社,2010年,第49页。

② [法]勒庞著:《乌合之众——大众心理研究》,冯克利译,桂林:广西师范出版社,2010年,第122页。

们在革命热情的感召下做出了一项伟大的举动——他们集体投票放弃了自己的阶级特权；另外一个例子发生在1848年革命中，攻占了杜伊勒宫的群众没有染指宫殿里的任何一件珍宝，而这些宝物每一件都价值连城。不过勒庞也认为这些群体只是在无意识的冲动中践行了这些美德，因为群体本身并不具有高贵的特征，这些例子更加证明了群体具有盲动性。

勒庞在论述中注意到了群体不时显露的非理性特质。他注意到，虽然群体并非全然没有理性，但它只具有一种低级的推理能力，因此容易受到暗示、轻信流言蜚语。正因为群体只具有这种低级的推理能力，所以群体的情感常常显得强烈而冲动，而且极易受到外界的刺激而发生改变。勒庞发现：

> 根据让群体产生兴奋的原因，他们所服从的各种冲动可以是豪爽的或残忍的、勇猛的或懦弱的，但是这种冲动总是极为强烈，因此个人利益，甚至保存生命的利益，也难以控制它们。刺激群体的因素多种多样，群体总是屈从于这些刺激，因此群体也极易多变。这解释了我们为什么会看到，群体可以转瞬之间就从最血腥的狂热变成最极端的宽宏大量和英雄主义。群体很容易作出刽子手的举动，同样也很容易慷慨赴义。正是群体，为每一种信仰的胜利而不惜血流成河。①

---

① ［法］勒庞著：《乌合之众——大众心理研究》，冯克利译，桂林：广西师范出版社，2010年，第55—56页。

勒庞对于群氓的种种观察十分细致，但他的观点并非无懈可击。只要读过《乌合之众》的人便会发现，书中不时流露出一种对于群氓的鄙薄之情，似乎勒庞本人就是一个群氓恐惧症的患者。书中的许多论点缺乏确凿的事实依据和严密的论证过程，部分结论只是出自于勒庞的想象和臆测。不过，也许我们不该苛责勒庞，这位被后人称为"失意落魄的科学家"、"没有讲坛的人民之子"能够在社会普遍处于对群氓的恐惧中跳脱出来，尽量坚持公正客观地对群体进行心理学描述，这份精神本来就弥足珍贵。勒庞是一个问题的最初发现者，而非问题的最终解决者，但他的论述启发了进一步的思考，为日后的研究者打开了广阔的探索空间。

勒庞以及同时代的思想家已经意识到了不应回避大众社会的问题。在文化研究中，带有贬义色彩的"群氓"一词也悄然被一个中性词"大众"所替代。然而19世纪末20世纪初的文化精英们仍普遍沉浸在文化悲观主义中。利维斯（F. R. Leavis）的观点很具有代表性，他认为现代文化简直惨不忍睹，并且声称一种以"标准化和低水准"为特征粗俗的文化正在加速蔓延。同样，加塞特（José Ortega y Gasset）也带着忧虑的眼光观察到，现代社会中精英与大众之间的界限正变得日益模糊：

> 今天有更多的人可以在更大程度上享受生活，对于这一点，我们相信没有谁会感到遗憾，因为他们现在不但产生了这样的欲望，而且也具备了满足这些欲望的种种手段。然而，这一事实之下潜藏着灾难，那就是大众决心僭取那些只适合少数

精英的活动，它不仅仅限于（也不可能仅仅限于）享乐方面，相反，僭越已经成为我们这个时代的一般特征。①

加塞特毫不掩饰地承认了其文化精英主义的倾向："不管人们愿意与否，人类社会按其本质来说，就是贵族制的。"他声称我们正在目睹一场"超级民主"（hyperdemocracy）的胜利，在这种"民主"中大众将采取直接行动，将自己的好恶和品味强加于社会之上。

加塞特对大众社会的分析是准确的。他认为，现代社会中精英和大众的定义已经与过去不可同日而语了。在过去，精英意味着一个人具有在血统或身份上高人一等的地位，他要么占据重要的社会职务，要么占有大量的社会资源。而现在这些标准统统都失效了。如今能够决定一个人是否属于精英的唯一标准，就在于他是否在精神上追求进步和完美。在加塞特的定义中，大众则意味着甘于平庸和不思进取：

> 一种人对自己提出严格的要求，并赋予自己重大的责任和使命；另一种人则放任自流——尤其是对自己，在他们看来，生活总是处在既定的状态之中，没有必要做出任何改善的努力——他们就像水流中漂动的浮标，游移不定，随遇而安。②

---

① ［西］加塞特著：《大众的反叛》，刘训练等译，长春：吉林人民出版社，2010 年，第 8 页。
② ［西］加塞特著：《大众的反叛》，刘训练等译，长春：吉林人民出版社，2010 年，第 7 页。

加塞特对于精英和大众的重新定义是极具启发性的。他并不认为新时代划分精英和大众的标准存在一个明显可见的外在区分,这与过去有所不同。同时他还认为,精英和大众之间还存在着"动态平衡"——在传统精英的队伍中现在也存在着粗俗不堪的庸人(philistine)和"伪知识分子"(pseudo-intellectual),而在以前被视为"大众"的人群里,也能找到那些品质高贵的个体。所以在加塞特的定义里,精英与大众与其说是传统意义上社会阶层的区分,倒不如说两种生活态度的划分。

不过从另一个方面来看,加塞特的新划分方式似乎说明传统精英和大众在某种程度上达成了暂时的和解,而正是这种和解让许多保守的知识分子感到惶恐不安。加塞特的担心并非毫无道理:大众涌入原本专属于精英的领域,不可避免地造成了传统精英文化品质的降低,因此他无不愤慨地说,这简直就是一场"野蛮人的垂直入侵"。传统精英与大众达成了和解,等于默认了以下事实:大众闯入了原本独属于精英的领地,开始享受原本只属于精英们的生活方式,并且试图在政治、文化和艺术领域大显身手。正因此,加塞特才不得不重新对精英和大众下定义,因为传统的划分方式已不再适用于大众社会的现实了。

同时代的犹太裔学者卡尔·曼海姆(Karl Mannheim)也对大众社会中精英与大众的关系进行了梳理。他也注意到当时社会的病症是"由少数人的民主向大众社会的变迁"所导致的,而现代文化危机又与精英形成过程的改变大有关系。与普通社会成员相比,文化精英消耗更多的时间在升华、内省和反思上,正是这些看上去没有实际用途的行为,才真正指导和推动了社会文化的发展。因此,文化精英是整个社会的智力前景的决定因素。曼海姆举了一对例子来阐释他的观点:古希腊的斯巴达是一个被政治和军事精英支配的社会,而在这样一个把全部心思耗费在组织上的社会中,文化精英分子毫无立足之地,更遑论文化的创造和升华。相比之下,中世纪的社会存在着以僧侣和贵族文人为代表的文化精英,他们虽然占社会人口的比重不大,但他们在阶级社会中被免除了日常劳役之苦,因此有更多的空余时间思考和提炼文化的精髓。曼海姆发现,现代社会一个重要的改变是:由于社会生产效能的大幅度提高,一部分平民阶层也从繁重的工作中解脱了出来,因此能够参与到了文化的发展过程中,进而催生了平民的文化。

精英排他性的崩溃,是引发 19 世纪末以来现代文化危机的导火索之一。曼海姆质疑,为什么德国没有产生自己独特的艺术风格?这是因为独特的艺术风格需要文化精英经过长期的凝练方能产生。而为了创造文化,精英必须是排他的。当大众涌入精英阶层时,精英为精神升华冲动所需的排他性就消失了;而大众恰恰缺乏深思熟虑的能力,他们短暂的冲动无法持久,更无法升华精神体验。在大众社会里,一些未来可能的艺术风格还来不及经过沉淀和成熟,便被大众理解为一种纯粹的感官刺激和时尚风潮,随后就被丢入忘川里。[①]

曼海姆的研究结果也印证了加塞特的观点:现代社会精英形

[①] [德] 曼海姆著:《重建时代的人与社会:现代社会结构研究》,张旅平译,南京:译林出版社,2011 年,第 44—53 页。

成过程的改变,意味着传统的上层精英与大众群体开始混杂、交融,同时也意味着在大众社会中,精英失去了原有的权威地位,其话语不再拥有不可动摇的权威性。而另一方面,在大众社会中,话语的权威性来源于多数人的舆论和共同情感。这既可以成为一个优点(近代以来西方民主制的基础之一就是多数同意原则),但也可能变成一个很容易被利用的弱点——在当时一个很明显的例子就是,启蒙时期欧洲文人之间那些思维缜密的对话体和书信已经几乎绝迹了。相反,连公共知识分子都试图诉诸大众的情感而非理智。

埃米尔·左拉(Emile Zola)的《我控诉》可以称得上是这方面变化的代表。左拉在这篇著名的公开信中试图为无辜蒙冤的犹太军官阿尔弗雷德·德雷福斯(Alfred Dreyfus)进行一场激情洋溢的辩护。无疑,左拉在此展现了一名公共知识分子应有的良知,这点毫无疑问值得肯定。但左拉的问题出在他的辩护方式上:仔细阅读《我控诉》中遣词造句的方式后人们不难发现,左拉的言辞并非完全诉诸理性,而是始终试图激起读者的强烈情感共鸣。左拉开篇未经任何证明,就一口咬定"此事全是由一个邪恶的人所操控和完成的,这个人就是帕蒂·克莱姆上校",随后又栩栩如生地描述了这名帕蒂上校及其同伙们的卑劣行径。在这封公开信的末尾,左拉连用八个"我控诉",以一种呼号式地呐喊对社会的不公进行了最严厉的声讨,并且充满激情地道出了自己写下这些文字的初衷:

但愿真相大白于天下,使饱受折磨的人得到应有的幸福,除此之外,我别无所求。这激愤的抗议是我灵魂的呼声。如果他们有胆量,那么起诉我吧,那么让审讯在光天化日之下进行吧!①

事实证明,这封公开信产生了巨大的社会效应,并推动了德雷福斯事件的解决。然而左拉的《我控诉》无疑又一次成为了精英和大众"和解"的标志。现代的公共知识分子在面对大众时,必须诉诸于大众的情感才能获得公共话语的权威性。而在理性时代,理智才是权威的唯一来源。正是这种向公众情感妥协的态度,导致左拉犯了一个和他的对手一样的致命错误:他夸张了他所拥有的事实,以博得公众的好感和信任。左拉信中连用了八个"我控诉",指控法国政府犯下的罪行,但正如一些法律学者指出的,"只有伯德福尔的罪名(教会的激情)和军委会的罪名(违反军事法庭的法令)是制度性的。其他所有罪名都是人格性的"②。而人格性的缺陷在法律上显然不能作为被指控的罪名。左拉在信中一再保证自己的态度是绝对真诚的,所采取的手段"无非是一种加速真相与正义爆炸的革命手段而已",但一些法学家也提出批评,认为左拉事实陈述不清,而且态度大于事实。所以从法律的角度而言,《我控诉》实际上是一次失败的辩护。

值得庆幸的是,左拉虽然夸张了事实,但他的初衷是良善的。

---

① [美]桑内特著:《公共人的衰落》,李继宏译,上海:上海译文出版社,2009年,第438页。
② [美]桑内特著:《公共人的衰落》,李继宏译,上海:上海译文出版社,2009年,第319页。

然而《我控诉》以及整个德雷福斯事件折射出的，是文化精英阶层乃至整个西方社会的现代困境和危机。到了德雷福斯事件的后期，证据是否确凿、道理是否通达对大众来说已经并不重要了，人们只关心观点是否足够鲜明，是否拥有影响力和煽动性。也因此，整个法国在此事件期间陷入了狂热的情绪当中——社会截然分裂成了支持和反对德雷福斯的两大派别，人们常常由于德雷福斯事件的转折在公共场合发生语言和肢体上的激烈冲突。从这个意义上来说，虽然最终正义得到了伸张，但整个德雷福斯事件却造成了恶劣的影响，到头来成为了一场大众的"狂欢"。

在这场现代大众的"狂欢"中，没有一个人、更没有一种传统的社会机构能再扮演绝对权威的角色。站在20世纪的门槛上，人类陷入了尴尬的境地。不再有上帝施展不朽神迹，不再有帝王开创千古伟业，不再有英雄留下永恒传奇。剩下的只是一个偶像倾颓的世界，一个分崩离析的社会，一个了无生趣的现实。人类终于获得了自由，但却自由得一无所有：生活不再具有目的性，人生的际遇只是茫茫宇宙随机变化的结果，一切都是不可掌控的，再也没有任何可预知的。"自有永有"的事物存在了。这是一个无父的社会。人类以势不可挡的姿态彻底捣毁了传统的万神殿，但此时自己却也是四面楚歌。人类就像一个谋杀了父亲的杀手，亲手杀死了古老权威的化身。但在嗜血的激情和狂欢过后，他发现未来并没有因为父亲的死而变得清晰；相反，未来世界呈现出了令人惊恐的混沌和不可知状态。人类因而陷入了深深的自责和恐惧当中，并且苦苦思索如何才能逃离这一尴尬境地。

第二节 父亲与父法

一、尼采：父亲死了

在 19 世纪末到 20 世纪初的大变革当中，尼采（Friedrich Nietzsche）敏锐地感受到了虚无主义给这个世界带来的动荡不安。尼采被称为现代哲学的"翻页人"：1781 年，康德（Immanuel Kant）出版了其著作《纯粹理性批判》，揭开了对传统形而上学发起革命的序幕。然而康德对于传统形而上学的挑战仍然是小心翼翼的。一个世纪以后，正是尼采在世纪的转折点上完成了这场革命，而虚无主义是尼采哲学的出发点。正如加缪所说，尼采独自一人挑起了批判虚无主义的重担。他首先对以基督教为代表的传统形而上学体系发起了挑战，正是在这一挑战过程中，尼采抛出了一枚"重磅炸弹"：上帝死了。

上帝的地位在近百年来受到了科学的严重挑战，基督教的信仰体系也因遭到了严厉批判而几近崩溃，而尼采在此基础上又给予基督教致命的一击。尼采追根溯源地梳理了虚无主义产生的原因。他认为虚无主义来源于人们长期以来对"意义"的寻找，而寻找"意义"则是为了获得最终的安全感，但实际上生命的"至高意义"并不客观存在。那些沉浸于"超人类权威"中的人们"假定了在一切事件中间有一个整体性、一种系统化，甚至一种组织化，以至于渴望赞赏和崇拜的心灵会沉迷于关于最高的支配和统治形式的总体观念中"①。他们构想理念世界的统一性，以求得心中的安宁。传统宗教和形而上学相信世界有一个确定的最高价值，如阿奎那（Thomas Aquinas）说"上帝是善，并是他自身的善"，这一最高价值的确立给了人类安全感：

> 教士们声称有一个上帝，声称他要求我们行善，他是每一个行为、每一个片刻、每一种思想的守护者与目击者，他爱我们，在所有的不幸中都对我们怀有最好的好意。人们多么愿意将这种错误的说法换成像这谬误一样有益、一样有镇定作用、一样令人感到舒适的真理！②

这与弗洛伊德有关宗教创立的观点不谋而合。弗洛伊德也认为，在文明初期，桀骜不驯的大自然时常给人类造成痛苦，使人类长期处于焦虑期望状态，并对他固有的自恋造成伤害。这时，人类遵从了他孩童时代的天性——幼年时期对于父亲的需要，在社会和历史的维度上转化成了整个人类群体在文明早期对于神明，也就是一个强大的庇护性力量的渴望。于是人类通过文化的手段——创立宗教的方式——保护了自己：

---

① ［德］尼采著：《权力意志 1885—1889 年遗稿》，孙周兴译，北京：商务印书馆，2007 年，第 721 页。
② ［德］尼采著：《尼采全集（第 2 卷）》，杨恒达译，北京：中国人民大学出版社，2011 年，第 68—69 页。

人类无法接近非人的力量和命运；它们永远远离人类。但是，如果自然因素具有激情，在我们灵魂中激昂澎湃，如果死亡并不是某种天然之物，而是一个邪恶意志的狂暴行为，如果在自然中到处都有我们在我们的社会里所熟知的存在，那么，我们就能自由地呼吸，会在怪异的环境里也感到安适，就能运用心理方法治疗我们感觉不到的焦虑。①

宗教正是产生于这样的幻觉中，这种幻觉能够满足人类对于安全感的需要。诸宗教的创立正是为了保护人类不受自然力量的伤害。

在宗教中，人们苦苦寻找生命的"至高意义"。然而尼采坚称，人类对"意义"的寻找终归是徒劳的：

当我们在一切事件中寻找一种本来就不在其中的"意义"时，它就会登场——因为寻找者最终会失去勇气。于是，虚无主义就是对于长久的精力挥霍的意识，就是"徒劳"的痛苦，就是不安全感，就是缺乏以某种方式休养生息和借以自慰的机会——那是对自身的羞愧，仿佛人们过于长久地欺骗了自己……②

---

① [奥] 弗洛伊德著：《论文明》，徐洋等译，北京：国际文化出版公司，2007年，第17页。
② [德] 尼采著：《权力意志 1885—1889 年遗稿》，孙周兴译，北京：商务印书馆，2007年，第720页。

更进一步,对理念世界的渴求,变成了对尘世的鄙夷和贬斥。这些人"将处于变易中的整个世界贬为假象,然后再虚构出一个彼岸的、真实的世界"。神明居住的彼岸世界是那么完美无瑕,而此岸世界相较之下显得如此肮脏不堪。从此,人们紧紧闭上了尘世之眼,而他们的心灵之瞳却永远仰望着星空。因此,真正的自然世界被视为假象,而虚构的理念世界被错误地赞颂为"真实"。于是,为了揭露理念世界的虚假,尼采把批评的矛头直指古希腊的苏格拉底和柏拉图,认为他们是造成生机勃勃的古希腊文明衰落的罪魁,也是让后世陷入虚无主义的祸首。他们极力否定生命和真实世界的价值,宣扬"不惜任何代价的理性"。在他们的影响下,"整个希腊的沉思都狂热地转向理性,这表明了一种困境:人们处于危险之中,他们只有一种选择:或者走向毁灭,或者——成为可笑的有理性的人……"① 为了驳斥彼岸世界的虚无性,尼采提出了四个命题,宣布了柏拉图"理念世界"的破产:

第一个命题:认为"此岸"世界是虚假的那些理由,毋宁说证明了"此岸"世界的实在性,——另一种实在性是绝对无法证明的。

第二个命题:人们赋予事物之"真实的存在"那些特性……纯粹是一种道德—视觉假象,因而,实际上是一个虚假的世界。……

---

① [德]尼采著:《偶像的黄昏:或怎样用锤子从事哲学》,李超杰译,北京:商务印书馆,2009年,第19页。

第三个命题：虚构一个与"此岸"世界不同的"彼岸"世界是毫无意义的……我们是用一种"彼岸的"、"更好的"生活的幻象向生活报复。……

第四个命题：把世界分为一个"真实的"世界和一个"虚假的"世界，无论是以基督教的方式，还是以康德的方式（最终仍然是一个阴险的基督徒的方式），都仅仅是颓废的一种暗示，——是衰败的生命的一个征兆。……①

尼采试图对基督教的形而上学进行颠覆，而这种颠覆最明显地体现在了尼采对柏拉图"洞穴隐喻"的倒置中。柏拉图曾经嘲笑先哲泰勒斯"只顾抬头仰望天空观看星象，无暇顾及脚下的路，一脚踩空掉进了路边的井里"，讽刺泰勒斯这一类的哲学家好高骛远、不切实际。然而在尼采看来，柏拉图也犯了同样的错误：在洞穴隐喻中，柏拉图将感性世界（洞穴囚室）和理念世界（洞穴外界）截然分开。柏拉图认为，见识过理念世界的人"宁愿活在人世上做一个穷人的奴隶，受苦受难，也不愿和囚徒们有共同意见，再过他们那种生活"②。柏拉图虽有济世情怀，但目光却始终紧盯着头顶的理念世界，并且否认脚下感性世界的真实性，因而"洞穴中的世界"在柏拉图眼里是黑暗和丑陋的。相反，在《查拉图斯特拉如是说》中，查拉图斯特拉也是从洞穴中走出来的。但柏拉图认为洞穴

---

① ［德］尼采著：《偶像的黄昏：或怎样用锤子从事哲学》，李超杰译，北京：商务印书馆，2009年，第27—28页。
② ［古希腊］柏拉图著：《理想国》，郭斌和等译，北京：商务印书馆，2011年，第275页。

中其他的囚徒需要拯救,因此重返洞穴;而查拉图斯特拉则下山来到了市场中,向洞穴外的世人演讲,教他们什么是超人。洞穴外的世界在柏拉图看来充满了实在之物,是心灵渴望停留的"真实之境";而对于尼采来说,洞中的世界才是他真正的精神家园,而山下却充满了最可轻蔑的东西:最后的人(the last man,一译末人)。在这里,尼采对现代社会的大众表现出了明显的反感,他对大众很失望,因为他们争着要变成那"最后的人",因此尼采感叹"他们不理解我:我无法让他们听我的话"。这些现代社会的"最后的人"在尼采眼中都是一些伪善者:

"什么是爱?什么是创造?什么是渴望?什么是星星?"最后的人问,眼睛一眨一眨。

"我们发明了幸福"——最后的人说,并眨巴着眼睛。①

最后的人保守着幸福和美德学说,然而却越变越小:"你们在慢慢地剥落,你们这些舒服的家伙!我看你们还要走向毁灭——由于你们的许多小美德,由于你们的许多小疏忽,由于你们的许多小顺从!"美德教人节制和谦虚,尼采却认为美德最终让人变得平庸和驯服,使人类失去了生命的力量。简而言之,尼采眼中的基督教以及其宣扬的彼岸世界和传统道德,就是人类为了摆脱不安感而制造的一桩"无中生有"的骗局,然而在这场骗局中,人们渐渐失去

---

① [德]尼采著:《尼采全集(第2卷)》,杨恒达译,北京:中国人民大学出版社,2011年,第10页。

了生命的力量，变成了可鄙的"最后的人"，也造成了虚无主义的横行。人类尝试了目前为止所掌握的一切手段来解释、评价这个世界，然而这些行为无一例外均以失败告终。最终，人类发现这一切都是虚构的，"我们在历史之中、在自然之中和在自然之后都没有发现上帝"，上帝不过只是"神圣的面具"。

尼采的态度的确很奇怪。一方面，尼采对基督教的旧式权威厌恶不已；但另一方面，他又对现代大众社会深恶痛绝。这些观点看上去如此矛盾！我们不禁要问：尼采对过去和当下都持否定态度，那么他到底在想些什么？

除了上面所提的以外，尼采在他其他的文字中也经常表达出对现代政治制度（尤其是民主制）的不满：

> "公众"只不过是一句空话，绝无同等的和自足的价值。艺术家凭什么承担义务，要去迎合一种仅仅靠数量显示其强大的力量呢？[1]

> 现代的模糊。——我看不出来，人们想拿欧洲工人做什么。欧洲工人的处境是太好了，以至于他们现在不再逐步地提出要求，不会提出更过分的要求：他们终于独立自主了。……人们赋予工人投票权、结社权。……如果人们想要奴隶，——而且人们的确需要奴隶！——那就一定不能把他们培养成主人。[2]

---

[1] [德] 尼采著：《悲剧的诞生》，周国平译，南京：译林出版社，2011年，第53页。

[2] [德] 尼采著：《权力意志 1885—1889 年遗稿》，孙周兴译，北京：商务印书馆，2007年，第699—700页。

群盲理想——现在正趋于顶峰，成为"群体"的最高价值设定：赋予群体以一种宇宙的、实即形而上学的价值的尝试。

反对群盲理想，我捍卫贵族主义。①

是什么造成了德国文化的衰落？"高等教育"不再是特权——"大众化的"、公共的"教育"的民主主义……在当今的德国，再也没有人能够自由地为其子女提供一种高贵的教育，我们的"高等"学校全都致力于最为暧昧的"平庸"……②

尼采坦言自己是一个保守的贵族主义者，他对于大众社会的一切都感到极端厌恶，对于群氓的行为更是嗤之以鼻。从这个角度而言，尼采对于大众社会和群氓的消极态度，注定了他会提出强力意志的学说。他渴望超越这个无父的群氓社会，在他理想中的新人类——超人身上，找到将人类从混沌中拯救出来的希望。在《查拉图斯特拉如是说》中，尼采阐释了他的超人学说，这一学说批评了萎靡的基督教道德体系，是专门针对基督教彼岸世界的生命学说：

瞧，我教你们超人！

超人是大地的意义。让你们的意志说：超人应是大地的意义！

我恳求你们，我的弟兄们，忠实于大地，不要相信那些向

---

① ［德］尼采著：《权力意志 1885—1889 年遗稿》，孙周兴译，北京：商务印书馆，2007 年，第 742 页。
② ［德］尼采著：《偶像的黄昏：或怎样用锤子从事哲学》，李超杰译，北京：商务印书馆，2009 年，第 63 页。

你们谈论超越大地之希望的人！那是投毒者，无论他们自己知道与否。

那是生命之轻蔑者，垂死者，其本身就是中毒者，大地对他们已经厌倦：所以让他们逝去吧！①

何谓"大地的意义"？"大地"代表尘世和自然，与高悬在天空的理想之国度——基督教的"天国"对立。在尼采看来，那些谈论"超越大地之希望"的人，是"身体的蔑视者"，他们"不再能够超越自己而创造"，因而"迁怒于生命和大地"。② 他们不仅蔑视身体，还弃绝生命，他们是"生命的轻蔑者"。他们摒弃生命最真实的一面，宣讲决绝生命，认为"生命只是受苦受难"，他们是"死亡说教者"。③ 因此，尼采借查拉图斯特拉之口告诫人类：你们要忠实于大地。这也就是肯定了此岸的真实性，从而否定了彼岸世界。如何忠实于大地？这就必须采用透视主义（Perspektivismus）的方法来认识彼岸世界的不足。尼采说："就'认识'一词有其意义而言，世界是可认识的：但是它可以有不同解释，支撑它的不是一种意义，而是无数种意义。"④ 换句话来说，真实世界具有无数

---

① ［德］尼采著：《尼采全集（第4卷）》，杨恒达译，北京：中国人民大学出版社，2011年，第6页。
② ［德］尼采著：《尼采全集（第4卷）》，杨恒达译，北京：中国人民大学出版社，2011年，第26—27页。
③ ［德］尼采著：《尼采全集（第4卷）》，杨恒达译，北京：中国人民大学出版社，2011年，第38—39页。
④ ［德］尼采著：《尼采全集（第4卷）》，杨恒达译，北京：中国人民大学出版社，2011年，总序第5页。

种意义,但传统形而上学对于世界的看法只是一面之词。尼采也承认人的认识有局限性,因此不可能完全洞察所有的意义,但是作为超人,就是必须要意识到这种局限,不断地继续进行自我超越,从更多的视角获取不同的意义,以此更加接近真实。

"人的伟大之处在于,他是一座桥梁而非目的;人的可爱之处在于,他是一个过渡,也是一个沉沦。"这句话意味着人是注定要被超人所超越的。尼采认为要成为超人,人的精神必须要经历三种变形:从骆驼,到狮子,再到小孩。首先,人的精神必须要像忍辱负重的骆驼一样,能够担负起沉重的事实,这个沉重的事实指的是自然世界的无意义;其次,要像狮子一样,敢于对与神为敌,敢于说"我要",争取创立的自由;最后,精神要变成一个孩子,"小孩是无辜与遗忘,一个新的开端,一场游戏,一个自转的轮子,一个最初的运动,一个神圣的肯定。"经过了各种精神的磨炼和洗礼后,人将如赤子般纯洁。他精神力量足够强大,以至于不需要借助宗教信仰和彼岸世界就能获得安全感,他将忠实于大地的意义。①

总结一下尼采的观点:尼采最著名的那句话"上帝死了",其批判目标直指基督教的价值核心。在尼采看来,一个伟大父亲形象的衰败看来是必不可免的,因为那是一场骗局。人类若要重新焕发生命的活力,就必须要砸碎父亲这尊神像。也就是说,人最终必须要直视这座现实的荒漠,必须克服自身的幻想和软弱,成为尼采所谓的"超人",才能真正走出虚无主义的阴影。尼采的观点为现代

---

① [德]尼采著:《尼采全集(第4卷)》,杨恒达译,北京:中国人民大学出版社,2011年,第17—19页。

性思想打开了一片广袤的天空,也深深影响了身后的思想家,日后的福柯更是宣称自己是一个尼采主义者。后人尽管对尼采的观点褒贬不一,但都不敢否认他在现代西方思想史上的重要地位。

尼采的真诚、执着和绝不妥协的精神令人动容,而他晚年的不幸遭遇也令人为这位天才哲学家感到扼腕。然而我们在此必须质疑尼采:上帝/父亲真的如尼采宣称的那样彻彻底底地死亡了吗?至少有很多人拒斥尼采给出的答案。在这些人眼中,尼采只是个道德败坏的、肆意渎神的疯子罢了。现实也让我们对尼采的观点表示怀疑:若是上帝真的如尼采所宣称那样死了,为什么有那么多基督徒至今仍跪拜在十字架前?如果君权神授的绝对主义王权真的彻底衰落了,为什么还会有那么多的遗老遗少在历史舞台上演着复辟的闹剧呢?在科学不断胜利的现代,在物质条件不断丰富的今天,我们中的许多人为什么会越来越怀念等级森严的传统社会呢?或许过去的人们生活在科学的蒙昧和无知状态中,可今天自以为理智清醒的我们,是否就真的过得那么惬意呢?换个方式,我们再问一次:为什么我们杀死了父亲,却还会如此地怀念他呢?这是深藏于我们潜意识中的一个谜,而谜底将由弗洛伊德和精神分析学来揭晓。

二、 弗洛伊德: 父法不灭

在20世纪初的社会心理学领域里,除了开路人勒庞以外,还有另外一个不得不提的人物——弗洛伊德。作为一名精神分析师,弗洛伊德对于社会心理学的兴趣大致产生于一战前后,后人认为这种转变与当时的社会变迁有关。德意志和奥匈两个古老帝国的覆灭给了弗洛伊德极大的刺激，更让他感到震撼的是随之而来的群众运动——在德国、意大利和俄罗斯，反犹主义的兴起、法西斯的暴动和社会主义的革命都让他震惊不已。当弗洛伊德看到战后欧洲的古老帝国纷纷陨落、社会革命风起云涌、极权主义渐渐显形时，心中便产生了对群氓力量的畏惧。群氓的野蛮行为打破了自由民主玫瑰色的梦，也因此更加深刻地唤起了弗洛伊德内心的不安：

> 在知识全盛时期的德国，涌现了一批科学、艺术和文学巨人，然而，它从世界最文明国家之一的一个地堡里发起了暴虐攻势，冲击着脆弱的民主根基，并暗中进行破坏。从此，对自由政治和理性看待历史的最后希望，因这一放纵的野蛮行为而破灭。这些群众的呼声和愤怒之情激起了弗洛伊德等人的原始恐惧感。①

弗洛伊德有理由比其他人更感到害怕，他的犹太人身份注定了他要成为这场群氓风暴中的受害者。更重要的是，这场群氓风暴的能量过于巨大，任何一个有识之士都无法对此视而不见。所有这些外在因素都驱使弗洛伊德将精力转向社会心理的研究。

俄狄浦斯情结是弗洛伊德学术思想的重要枢纽，他的大多数精神分析理论都从这里开始发散。弗洛伊德认为俄狄浦斯的悲剧之所以感人，是因为"它也是我们大家共同的命运"，这就是对于性的

---

① ［法］莫斯科维奇著：《群氓的时代》，许列民等译，南京：江苏人民出版社，2006年，第302页。

欲望的压抑：我们所有人的命运"都把最初的性冲动指向自己的母亲，而把最初的仇恨和原始的杀戮欲望针对自己的父亲。我们的梦向我们证实了这种说法"①。

一战之后，弗洛伊德逐渐开始使用精神分析法来分析社会和群体的心理。借用俄狄浦斯的典故，弗洛伊德认为现代人类的尴尬境地可以用《图腾与禁忌》中"图腾宴"的故事来加以阐释。根据弗洛伊德的描述，在史前社会，人类曾生活在这样一个群体中，这个群体中的主要冲突发生在威严的"原始父亲"（the primitive father）和处处受压抑的儿子们之间。儿子们无法忍受父亲残忍的暴政，便合谋杀死了父亲。但父亲死后，儿子们心中却产生了一种令人费解的"矛盾心理"：

> 他们恨自己的父亲，因为他父亲是他们在权力欲和性欲上一个难以克服的障碍，不过，他们却又热爱并羡慕他。当他们摆脱掉父亲之后，他们满足了心理上的恨和那种对父亲加以承认的希望，同时，那些复杂的感情也在心理上涌现。②

弗洛伊德推测，儿子们之所以会产生复杂的"矛盾心理"是基于如下的假设：在母亲的唆使下，儿子们走上了弑父的危险道路。在弑父成功之后，儿子们因为终于冲破了父亲的约束而陷入了狂

---

① ［奥］弗洛伊德著：《释梦》，孙名之译，北京：商务印书馆，2010 年，第 262 页。
② ［奥］弗洛伊德著：《图腾与禁忌》，文良文化译，北京：中央编译出版社，2009 年，第 184 页。

欢。但在狂欢之后却出现了另一种前所未有的恐惧感：没有了父亲的约束，每个人都会在本能的驱使下尽最大可能满足欲望，每个人都会暴露在相互毁灭的危险之中。为了结束父权真空的局面，儿子们便制定了法律，商定相互的职责，放弃一部分本能冲动，建立要求每个人同意并自愿恪守的法律和道德制度为基础的社会机构。

在《摩西与一神教》中，弗洛伊德以上面的假设为基础，重点分析了犹太民族对于父亲的恒久渴望，并阐释了犹太人如何借助这种渴望建立了犹太一神教。根据弗洛伊德的推断，摩西并非犹太人，而是一名地地道道的埃及人，因为摩西神话与历史上众多的英雄神话有一个明显的出入：多数神话英雄诞生的家庭是高贵的，或许还是一个王室家庭；而相比之下根据《旧约》的记载，摩西诞生于一个当时受到埃及人奴役的犹太人家庭，他一出生就被家人遗弃在河边的一个箱子里，之后却被法老的女儿带回皇宫养大。

摩西的神话之所以引起弗洛伊德的注意，是因为它不合常规地颠覆了经典英雄神话的叙事模式。在其他的英雄神话，例如俄狄浦斯的神话中，故事主人公的亲生父母往往都是王公贵族，而神谕则告诫父亲将来可能发生的弑父悲剧，于是父亲便将亲生儿子流放，任其自生自灭。但孩子事后却被人收养，并且最终向父亲实施了复仇。但根据《旧约》的记载，摩西的经历却与此模式完全相反：摩西出生于一个利未人（一个被埃及人奴役的民族）的家庭，却被埃及的公主收养。弗洛伊德认为，在这个一反常态的故事背后，定然有隐情。因此，若要洞察隐藏在故事背后的真相，就需要将摩西的身份还原为一个埃及人。所以弗洛伊德提出了一个极其大胆的假设:"我认为对婴儿摩西被遗弃的神话的分析必然得出下述结论,即他是一个埃及人,但有个民族需要把他说成是犹太人。"① 那么此处的矛盾便迎刃而解了:摩西真正的家并非那个利未人的家,而是某个埃及贵族的家,这样也就符合了英雄成长神话的叙事模式。

根据弗洛伊德的考证,在公元前 14 世纪,当时的埃及法老阿蒙霍特普四世(Amenhotep IV,后改名埃赫那顿 Akhenaten)强迫他的臣民接受了一种同他们的传统信仰完全相反的全新宗教,这种新宗教被称为阿顿神教。它具有一神教的许多特征,甚至可以说是一神教的雏形,例如所有的巫术和魔法都被禁止,太阳神的象征物也从小金字塔或鹰等具象物体变成了一个抽象的圆盘,冥界和死神也不再被谈论。可想而知,由于阿顿神教在当时过于激进,一经出现就立即受到了全埃及上下的强烈抵制。事实上,阿顿神教在埃赫那顿去世后就被人遗弃了。然而犹太一神教和阿顿神教之间的相似性,使弗洛伊德怀疑两者之间是否存在着一定的关联,因而他又一次大胆地猜测:

> 如果我们把摩西的生平放在埃赫那顿当政期间,并且假设他和这位法老有某种联系,那么这种疑团就会解开,他的动机可能就会显现出来,而使我们所有的问题都得到解答。②

---

① [奥]弗洛伊德著:《摩西与一神教》,李展开译,北京:三联书店出版社,1997 年,第 11 页。
② [奥]弗洛伊德著:《摩西与一神教》,李展开译,北京:三联书店出版社,1997 年,第 21 页。

弗洛伊德假定摩西是一名埃及贵族（也许还是皇室成员，或者是一名阿顿神教的祭祀），他曾是一名阿顿神教的虔诚信徒。而埃赫那顿的死使他大失所望，因为新宗教看来已毫无希望了。于是他将阿顿神教复兴的希望寄托于犹太人，一个受到埃及人奴役的民族。

弗洛伊德接着又对摩西的性格进行了分析，他发现《旧约》中所记载的摩西时常显露出独裁者的暴戾性格。弗洛伊德认为这是一个凶残暴烈的父亲形象，必然遭到人们的反抗：

> 摩西遭遇了和埃赫那顿同样的命运，所有开明的专制君王都面临的那种命运。摩西的犹太族臣民同第十八王朝的埃及人一样，无法忍受那样一种高度精神化了的宗教，无法从其中为他们的需要寻求满足。在这两种情况下发生了同样的事情：那些觉得自己受着训诫或感到无依无靠的人起而造反，扔掉了强加在自己身上的宗教负担，但是，当温顺的埃及人等待着命运除去他们神圣的法老时，野蛮的闪米特人却把命运操在自己手中，除掉了他们的暴君。①

接下来的几代犹太人脱离了摩西的阿顿神教，转而崇拜一个新神——一个起初被称为雅赫维、后来被称为耶和华的神明。不过，弗洛伊德认为此时摩西和阿顿教虽然表面上被犹太人遗忘，但这只是一个"潜伏期"："我们很有理由设想，在革除了摩西神教之后，

---

① ［奥］弗洛伊德著：《摩西与一神教》，李展开译，北京：三联书店出版社，1997年，第39页。

犹太宗教史上存在过一段长时期，期间没有一神教思想的痕迹，没有对仪式的谴责，也没有对伦理方面的强调。"① 但是后来，在一部分人坚持恢复早期宗教生活的要求下，犹太人恢复了从前被抛弃的阿顿神教，并且把耶和华变成了摩西神，阿顿神教得以以一种新面貌复活了。但在复兴的同时，人们极力掩盖摩西曾遭到犹太人杀害的不光彩历史。根据弗洛伊德的考证，正是在此时犹太人的书面历史和口头传说之间出现了不一致。

奇怪的是，为何犹太人会怀念过去的日子？难道不正是这些人杀死了他们的领袖摩西吗？他们后来又为何固执地要恢复摩西神教呢？弗洛伊德对此的解释是，过去的时光对于现在的人总有一种吸引力，因为人们常常对当下有所不满，因而怀念过去就成了一种精神解脱的方式，因而古希腊人一直怀念着"黄金时代"，而中世纪的宗教文化中总是憧憬着《圣经》中描绘的伊甸园。弗洛伊德借用神经症症状的特征分析，认为每一个重大的历史事件就是一个民族的创伤（trauma）。创伤的正面作用，就是形成了一个民族的"创伤固恋"和"强迫性重复"，它会迫使一个民族去重寻其历史根源；而创伤的反面作用，则会形成"防御性反应"，它会在无意识中极力避免整个民族唤起过去的回忆，并且试图用其他方式掩盖这段回忆，所以历史上便出现了犹太人一面积极地复兴摩西神教，一面又极力掩饰罪行的矛盾情形。

正是在犹太人试图复活父亲的过程中，弗洛伊德发现了人类心

---

① ［奥］弗洛伊德著：《摩西与一神教》，李展开译，北京：三联书店出版社，1997年，第58—60页。

底的秘密,那就是对父亲的永恒渴望。杀死父亲使每个人都背负上了谋杀的原罪,也使得人们生活在可能被肆意侵犯的惶恐不安中,为了减轻愧罪感,人们便以父亲的名义重新订立盟约,父法就此产生了,也使得父亲"复活"了。然而就是对于父亲的永恒渴望,使得人们再一次屈服于父法的要求——父亲对每个人实行了象征性的阉割,致使其成为一个有缺陷的、受虐的主体。

表面上看来,尼采和弗洛伊德的观点产生了分歧。尼采说上帝和天国不过是一场骗局,因此要推翻基督教和上帝,其激进的姿态让保守的罗素无不惊恐地表示:"他还是有许多东西仅仅是自大狂,一定不要去理它。"① 而弗洛伊德却说人总有一股追寻父亲的欲望,而杀死父亲的行为会使我们每个人都背上了罪孽。这么说来,难道弗洛伊德是一个宗教的卫道士? 不,弗洛伊德当然不是一个保守者! 其实弗洛伊德和尼采有一点是相同的:尼采是一个敌基督者,因此也是一个彻头彻尾的无神论者。而弗洛伊德也认为人们最终会摒弃宗教的幻想。两个人实际上都是当时的激进分子。这里需要特别强调的是,弗洛伊德虽然认为人们总是依恋父亲,但这绝不意味着他是一个保守分子。他只是通过精神分析法揭示了深藏于人类潜意识中的这个秘密,但这不代表他一定会遵守。弗洛伊德已经间接地指出了人们沉溺于这种欲望幻象中的危险了,那就是成为一个受到他者欲望制约的无意识主体。至于弗洛伊德的这一揭示究竟能够解决什么样的社会问题,这就不属于作为精神分析师的弗洛伊德的

---

① [英]罗素著:《西方哲学史》,马元德译,北京:商务印书馆,2009年,第319页。

职责范围之内了,也更不在精神分析学能够解决的问题列表之中了。换句话说,弗洛伊德只是给人们指明了前进方向,但具体的路还得由后人亲自探索。

应该说,正是精神分析法赋予了弗洛伊德勇气和力量,使他能够穿越人类欲望的幻象,瞥见自身欲望的真实(尽管他没有提出具体的应对方法,因为这在他看来是精神分析学不可能完成的任务)。这与狂人尼采也是何等的相似!在面对传统真理体系土崩瓦解所带来的恐惧时,尼采并没有像叔本华一样转向悲观主义——恰恰相反,正是由于恐惧,尼采才选择勇敢地直视它,这种难能可贵的"真诚精神",正是尼采与众不同之处。尼采虽然没有精神分析法这把批判武器,却同样穿越了欲望的幻象,发现了真实之所在。正像他自己所说:"如果你想要得到心灵的安宁和幸福,那么,去信仰吧!但如果你要做真理的信徒,就应该去探索。"①

本 章 小 结

沿着尼采和弗洛伊德给出的思路,我们可以继续思考下去。19世纪末的现代欧洲人与这些犯下弑父罪名的犹太人在精神面貌方面有许多相似之处:他们摆脱了传统权威的控制而获得了更多自由,却又因此陷入了更大的苦恼当中。然而勒庞认为,现在社会中缺乏权威的情况只是暂时的,而人们也离不开上帝的存在:"对大多数

---

① 周国平著:《尼采与形而上学》,南京:译林出版社,2012年,第60页。

支配着人们头脑的大人物,如今已经不再设立圣坛,但是他们还有雕像,或者,他们的赞美者手里有他们的画像,以他们为对象的崇拜行为,和他们的前辈所得到的相比毫不逊色。……群众不管需要别的什么,他们首先需要一个上帝。"① 于是,就像犹太人曾经复活了摩西神教那样,欧洲人试图再一次为已经逝去的父亲招魂。

实际上,弗洛伊德早就警告过人们这样做可能导致的危害了:"如果我们仍固着于目前对待宗教的态度不放弃的话,我们的文明将会面临更大的危险。"② 然而人们无视了弗洛伊德的告诫,继续沉溺于寻找崇拜物的幻想中。在传统的精神支柱垮塌之时,在"摩西"离他们远去的日子里,他们找到了一个现代的"金牛犊"作为膜拜之物,那就是希特勒。但膜拜"金牛犊"行为最终产生了严重的恶果,这种刻意为父亲招魂的结果就是人类20世纪最大的一场灾难——极权主义运动。

---

① [法]勒庞著:《乌合之众——大众心理研究》,冯克利译,桂林:广西师范大学出版社,2010年,第87页。
② [奥]弗洛伊德著:《论文明》,徐洋等译,北京:国际文化出版公司,2007年,第34页。

第二章
金牛犊：希特勒、大众与极权主义社会

第一节 大众的"狂欢节"

一、战争的创伤

对于20世纪初的先锋艺术家们而言,传统社会价值的凋敝倒是给先锋艺术提供了发展的空间。一战期间,一些反政府和反战人士聚集在瑞士,并兴起了一股被称为"达达主义"的艺术运动。1916年,这些人首先组建了一个名为"达达"的文学团体。他们总是聚集在苏黎世的伏尔泰小酒馆,进行着荒诞不经的表演。达达主义的作品中充满了常人难以理解的荒唐感,而这种虚无主义态度的直接根源便是战争留给人们的心灵创伤。一战产生的痛苦猛烈地刺激着达达艺术家的神经,他们试图以各种离经叛道的作品和行为来反抗一战后的社会格局。总而言之,破坏一切、颠覆经典便是达达主义者的口号和准则,因而达达也成了藐视和挑战权威的象征。

马塞尔·杜尚(Marcel Duchamp)的《泉》作为达达主义的代表作,至今仍被人们津津乐道。1917年,当这座小便池被公然放置于美国独立艺术家沙龙展的展台上时,一些人对此表示了欣赏和欢迎:艺术收藏者兼资助人沃尔特·爱伦斯伯格(Walter Arensberg)认为杜尚的此件作品突破了日常器具原有的使用功能,并提供了一条新的艺术创作和审美途径,是一项了不起的贡献。但更多人表现出的是不解和愤怒,例如沙龙展理事会成员之一乔治·贝洛斯(George Bellows)在看到杜尚的这件作品后勃然大怒,要求立刻将《泉》撤展,并与爱伦斯伯格争论道:"你的意思是说,即使有人给我们送来一堆放在画布上的马粪,我们也要把它展出来吗?"① 贝洛斯先生大概绝没有想到,1996年英国艺术家克里斯·奥菲利(Chris Ofili)真的用大象的粪便创作了一幅名为《圣母玛利亚》(*Holy Virgin Mary*)的油画,并且堂而皇之地放在纽约的画廊里展出。

然而,即使涌现出了像杜尚这样杰出的大师,达达主义也仅如昙花一现,很快就衰落了下去。在1923年的一次聚会后,达达主义便在现代艺术史上彻底地销声匿迹了,许多艺术家(包括杜尚)也转投了超现实主义。过分的荒诞不经也许是其衰落的原因之一,但更深层的原因在于,达达主义仅仅满足于只破不立,在打碎美学传统时,其创作语言缺乏建设性和创新性,因而无法长久。

但达达主义的局限性也恰好反映出了在战争状态下人类心灵的彷徨状态:传统和理性的神像倾颓了,而当时的先锋艺术正反映了传统世界分崩离析的过程。一战的爆发则加速了这一衰落进程,一切曾经坚固的传统观念如今都在炮火的轰击下灰飞烟灭,而新的价值观仍在孕育之中,未来世界仍呈现为一片混沌,人们不知道应该往那个破败的神龛里再放些什么才是恰当的。

达达主义虽然渐渐淡出了人们的视野,但由于信仰缺失所造成的迷惘并未就此消散。无需赘言,20世纪初造成这种迷惘的直接

---

① [法]伍泽著:《杜尚传》,袁俊生译,重庆:重庆大学出版社,2010年,第189页。

原因便是一战。19世纪建立的维也纳体系确立了当时的欧洲秩序，此后，欧洲强国之间的大规模战争便鲜有发生（克里米亚战争和普鲁士统一战争除外），直至1914年，欧洲大陆已经保持了一个多世纪的和平。19世纪的长期稳定也促使欧洲进入鼎盛时期：在第二次工业革命的推动之下，各国呈现出一片繁荣的景象，英国一马当先建立了庞大的日不落帝国，而其余各国也纷纷扩张殖民范围。此后的欧洲在经济、军事和文化方面盛极一时，成为了历史舞台上的焦点。然而这一切在20世纪初急转直下。正是这片表面上欣欣向荣的大陆，日后却成了各种罪行的源头。暴力和战争，这恐怕是20世纪上半叶的两大主题词。两次世界大战均爆发于20世纪上半叶的欧洲。除此之外，人类历史上最恐怖的政权——德国纳粹——也是这一时期欧洲的产物。整个20世纪上半叶的历史，便有如一场歇斯底里的嗜血狂欢。

以下的说法也许并非十分精确，但现代德国作为两次世界大战的风暴中心，确有值得关注之处。现代德国建立于1871年，是欧洲的后起之秀。历史上的德意志曾饱受分裂和战争之苦，但统一后的德国仅用了短短43年的时间便创造了奇迹，一举成为欧洲的一流强国。然而一战却使德国人付出了惨痛的代价——德国的国内经济在一战后一落千丈：首先，德国人必须面对条件极其苛刻的《凡尔赛合约》。在《凡尔赛合约》中，协约国对德国施加了一系列惩罚性的条款，包括领土和殖民地的割让，以及巨额的战争赔款。这些严苛的条款实在令人难以忍受，以至于当时战胜国的学者，例如英国著名的经济学家约翰·凯恩斯（John Keynes），都站出来反对

这些条款:

> 因为德国失去了所有的殖民地、海外联系和海运商船,同时失去了 10% 的领土和人口,以及三分之一的煤矿和四分之三的铁矿,有二百万年轻的男性成为战争的受害者;它的人民已经饱受了四年的饥饿,并承受着巨大的债务;它的货币贬值到以前的七分之一;它还面临着国内的革命和边境的布尔什维主义;吞噬一切的四年战争和最终的失败,给它在力量和希望上带来了难以估量的损失。①

不仅如此,德国国内的状况也危在旦夕。战争已经给德国造成了无可计数的直接经济损失,国民的生活条件也在战争中一落千丈,而飞涨的物价和肆虐的饥荒更是使德国雪上加霜。所有这些都引起了德国人对新成立的魏玛共和国的强烈不满,一些人认为正是这个软弱的政府直接导致了德国的衰败,然而这种说法实为本末倒置:实际上,魏玛共和国只是接手了一个前人留下来的烂摊子,但它非常无辜地成为了当时舆论的众矢之的。许多德国人仍然怀念那个由俾斯麦一手缔造的强大帝国,尤其是那些守旧的军人,因为魏玛共和国建立后便迫于协约国的压力而大量裁军,这一举动严重威胁到了军人的利益,因而在魏玛共和国刚刚建立的几年间,不断有军官密谋推翻政府。

---

① [美] 费舍尔著:《纳粹德国:一部新的历史》,佘江涛译,南京:译林出版社,2011 年,第 66 页。

除了经济和领土上的巨额损失外，战争也给德国人造成了无法弥合的心灵创伤。数以万计的德国青年因为战争付出了生命的代价，无数家庭因战争而破裂——许多儿童失去了父母，众多的德国老人也面临着晚年无人照顾的悲惨命运。更重要的一点在于，这场战争摧毁了令德国人引以为傲的德意志帝国。所以尽管魏玛共和国的建立得到了国内民主共和人士的高度赞扬，但仍有很多德国人为帝国的陨落而扼腕，并因此陷入了慌乱和迷惘。

值得一提的是，这种躁动和迷惘的状态并不仅仅局限于战败的德国，焦虑和不安的情绪同样弥漫在战胜国的空气中。意大利在战争后也深陷社会危机，被欧洲人讥讽为"一个光荣的失败者"。1919年，意大利虽然以战胜国的身份出席了巴黎和会，但在要求"分赃"时却遭到了英法等国的无视，其地位也沦为了"大国中最弱的一个"①。意大利在巴黎和会上的外交失败激起了国内的强烈不满情绪，许多人抨击现任政府的无能，安东尼奥·葛兰西（Antonio Gramsci）等左翼知识分子号召工人们占领工厂，将社会革命付诸实施，社会主义之潮似乎正要席卷整个意大利。

然而，左翼的这股革命之火很快就被扑灭了，取而代之的是右翼的反抗运动。许多民族主义者、地主和工业家与战争的鼓吹者联合起来，竭力反对意大利的社会主义运动。所有这些人的观点，都在墨索里尼的言论中再准确不过地体现出来："我们的原则原来是、

---

① 1915年，协约国曾经与意大利签订了一份秘密协议，在这份协议中，协约国允诺将会在战争胜利后把奥地利、巴尔干半岛以及土耳其的一部分土地让给意大利，正是这份协议导致了意大利抛弃了三国同盟而转投协约国阵营。然而在巴黎和会上，英法等国并未履行这一诺言。

现在也是：为国家的战争辩护，捍卫已有的胜利，竭尽全力反对意大利国产的社会主义者去模仿俄国革命。"① 1922 年 10 月，意大利法西斯暴徒在墨索里尼的指挥下进军罗马，以暴乱的方式攫取了政权。

就在罗马发生暴乱的同时，一个人也在北方暗中关注着这场动乱，这个人就是希特勒。意大利法西斯"进军罗马"事件的成功无疑给了希特勒极大的刺激，这一事件使希特勒深信：推翻无能的魏玛政府，改变德国悲惨命运的时刻已经到来了。1923 年 11 月 8 日晚，以希特勒为首的一群纳粹党武装分子在慕尼黑发动了"啤酒屋政变"，并劫持了在此聚会的高级官员和政界要员。当晚，希特勒面对啤酒屋内惊魂未定的人群发表了一篇著名的宣告：

> 国家革命在整个德国爆发了。六百名武装战士占领了这个大厅，没有人能离开这里。国防军和警察已经走出军营归于我们的旗帜之下。我们正在组建德国和巴伐利亚政府，克尼林政府和旧的国家政府废除了。②

现场的人群起初被这突如其来的一幕吓得惊慌失措，然而随后，听众们渐渐地被希特勒的演讲所吸引，当晚在场的一位教授事后甚至承认"过去他从未看到过听众的情绪发生如此迅速和戏剧性

---

① ［澳］博斯沃思著：《墨索里尼》，李宏强译，北京：国际文化出版公司，2004 年，第 123 页。

② ［美］费舍尔著：《纳粹德国：一部新的历史》，佘江涛译，南京：译林出版社，2011 年，第 165 页。

的变化，好象是魔术师给观众施加了魔法"①。众所周知，希特勒拥有举世无双的口才，许多文献都不约而同地记录了希特勒超凡的演讲才能，他的演讲似乎具有一种蛊惑人心的魔力，听众（尤其是女性）在聆听希特勒的演讲后常常陷入歇斯底里般的癫狂状态。因此，希特勒的演讲最终往往会演变成一场充满了混乱和暴力的盛大闹剧。但希特勒魔鬼般的口才只是引发混乱的因素之一，一个更重要的原因在于，希特勒掌握并充分煽动了大众对德国现状的不满情绪。在演讲中，希特勒常将自己打扮成一个被战后境况所困的可怜下士，一个满腔热血却无处发泄的爱国者（吊诡的是，实际上希特勒并不是德国本土人，他出生在奥地利），以示他也是现状的受害者之一。希特勒在此俨然化身为德意志的民族代言人，"他的声音不是某个人的，而是所有人的，是一个普通的德国人准确表达普遍的德国人所思所感的声音"②。在他的演讲中，他不停地对大众的痛苦表示理解，并对造成德国现状的罪魁祸首施以严厉的谴责，以此拉近与听众的距离并博得同情心。到了演讲的高潮之处，他言辞中理性的成分已经荡然无存，只留下一阵阵情感的风暴。随着听众情绪的不断高涨，他的演讲节奏也越来越快，声音也越来越大，口中甚至会爆发出粗俗污秽的词语，大声诅咒那些胆敢阻挡德国前进的人。这种场景似乎象征着德国人将会在巨大的现实压抑之后的爆发，甚至有人将这种猛烈的情感与性高潮进行对比：

---

① ［美］费舍尔著：《纳粹德国：一部新的历史》，佘江涛译，南京：译林出版社，2011年，第166页。
② ［美］费舍尔著：《纳粹德国：一部新的历史》，佘江涛译，南京：译林出版社，2011年，第48页。

在他的讲话中，我们听到了来自爱情语言的被压抑的激情之声和求爱；他发出了憎恨和肉欲的叫喊，暴力和野蛮的痉挛。那些音调和声音都来自本能的背后，他们使我们想起了被压抑太久的可怕的冲动。①

在希特勒疾风骤雨般的演讲后，听众已然失去了方向感，无法将自己的想法与演讲所灌输的情感正确地分辨开来，只能乖乖听从演讲者的"教诲"。

不过，尽管希特勒是一个天才宣传家，由于此时他的力量还太弱小，"啤酒屋政变"还是以失败而告终了。但另一方面，这一次政变却成为了希特勒早期政治生涯中最成功的一次表演，并使他名噪一时（这一事件使希特勒的名字第一次出现在德国各大报纸上）。在事后的审判中，法庭迫于大众的压力只得对希特勒从轻发落，甚至不得不在宣判书中强调被告"纯粹的爱国动机和光荣的意图"。而在希特勒服刑期间，支持者的信件更如潮水般涌向了监狱。在整个事件之后，希特勒和纳粹党获得了舆论的赞扬，而魏玛政府却因此饱受质疑和批评。人们越来越愿意相信，这位慷慨激昂且精力旺盛的演说家虽然显得有些疯狂和激进，但他将会带领德意志脱离苦海。这种信念在上世纪20年代不断得到加强，并在1929年的经济大萧条后得到了最终确立。

---

① ［美］兰格著：《希特勒的心态——战时秘密报告》，程洪雁译，北京：中央编译出版社，2011年，第168页。

二、对自由和民主的背叛

在这场史无前例的大萧条中,除了由于经济衰退而造成的生活条件急剧下降外,还有另一个现象值得关注:正如一些学者所指出的,1918—1945年欧洲自由政治制度的衰落趋势十分明显,而1929年开始的大萧条更是完全打乱了欧洲境内自由民主发展的步伐:

> 1918年—1920年间,欧洲有两个国家的立法议会被解散或是不再行使职权。1920年代,这个数字变成了六个,1930年代变成了九个。到了二战期间,又有五个国家的立宪政权在德国入侵后宣告解体。简而言之,在二战之间的年代里,唯一不曾间断过,一直在充分有效地实施民主政治的欧洲国家只有英国、芬兰(勉强算得上)、爱尔兰自由联邦、瑞典和瑞士。①

魏玛共和国正是这些不幸消失的民主政权之一。奇怪的是,魏玛共和国的宪法实际上是当时最先进的宪法之一,它由多国的法律专家共同制定而成,但这部宪法也未能阻止纳粹党最终掌权。毫无疑问,导致纳粹崛起的直接原因正是这场破坏力巨大的经济危机,以至于再先进的法律也无法阻挡纳粹前进的步伐。尽管魏玛政府曾在美国的支持下使国内经济一度保持着表面上的繁荣,但这场发源

---

① [英]霍布斯鲍姆著:《极端的年代》 马凡等译,南京:江苏人民出版社,2010年,第105页。

自华尔街的经济危机使德国政府迅速失去了大量美国短期贷款援助，因而经济瞬间跌入了深渊。除此之外，魏玛政府在大萧条时期的种种举措也令德国人备感失望：1930 年 3 月末，海因里希·布吕宁（Heinrich Brüning）在总统兴登堡（Paul von Hindenburg）的支持下出任总理。在其执政期间（1930—1932），布吕宁执行了严厉的通货紧缩和节约政策，而这一系列政策进一步恶化了德国人的生活条件，因此他也饱受批评而被人们讥笑为"饥饿总理"。一些历史学家认为这是魏玛政府有意而为之的"苦肉计"——如果当时政府愿意增加公共项目的开支，经济危机所造成的损失将会大大减少，而布吕宁的紧缩政策仅是为了试图证明德国无力偿还巨额的战争赔款，并迫使战胜国放弃索赔。也有一些学者为之辩护，认为当时的魏玛政府在如此恶劣的经济情况面前根本没有政策回旋的余地，而实行通货紧缩是当时内阁唯一可用的政策工具。

无论如何，魏玛政府的紧缩政策最终的确使德国摆脱了巨额战争赔款的负担，但日后却为此付出了更为惨重的代价。由于强制推行不得人心的经济政策，布吕宁内阁在上台之初的议会选举（1930 年 9 月）中便受到挫折；而另一方面，纳粹党最终成为了这场经济危机中最大的赢家：在 1930 年 9 月的那次议会选举中，"纳粹党……取得了突破性进展，获得了 640 万张选票，占总票数的 18.3%，成为继社会民主党（该党获得了 24.5% 的选票）之后的国会第二大党"[1]，纳粹党在议会中所占的议席也由 12 席猛增至 107 席。种种迹象都表明，

---

[1] ［英］弗尔布鲁克著：《德国史：1918～2008：第三版》，卿文辉译，上海：上海人民出版社，2011 年，第 44 页。

德国的权力宝座已经快要成为希特勒的囊中之物。

究竟谁应该为魏玛政府的失败负责呢？尽管希特勒和纳粹党是这出历史悲剧的罪魁祸首，但若只将错误全部怪罪于他们头上也是不全面的。应当看到，当时德国强大的保守势力也应当为魏玛民主政府的失败承担一定的罪责。一战后，德国的霍亨佐伦王朝虽然退出了历史舞台，但民主政治的意识并未深入人心，至少没有深入传统德国权贵的心中：1918年11月，刚刚成立的魏玛政府就与军队签署了一份协议，在这份协议中，军队保证将提供足够的力量维持新政府的秩序，而新政府也保证革命不会触及军方的任何利益。这一协议束缚了魏玛政府的手脚，将其民主革命活动仅仅局限于政治范围内，因此德国的经济和社会领域并没有因为魏玛政府的建立而发生深远的改变。

另一个例子是臭名昭著的魏玛宪法第48条。这条宪法之所以被后人诟病，正是因为它保留了专制统治的残余成分。魏玛宪法第48条规定，德国总统在国家紧急状态下可以行使暂时的独裁权，包括立法权和行政权。但这条宪法却没有详细规定何种情况属于"紧急情况"。1930年布吕宁所推行的经济政策由于受到德国议会的强烈反对，起初未获得通过。而这项政策后来之所以能得以实施，正是由于总统兴登堡动用了魏玛宪法第48条作为紧急法令，并在议会和民众普遍反对的情况下强制解散了议会，这一刻实际上已经标志着德国民主制度的破产。另外，这条宪法也给纳粹独裁者夺权提供了可乘之机，日后希特勒更是大肆利用宪法上的这个漏洞，逐步加强了他的独裁统治。

如何解释这股抵抗自由和民主的保守势力的存在呢？为什么当其他欧美国家都在纷纷拥抱民主制度时，德国人却选择了逃避自由？自由主义政治为何在当时的德国如此不堪一击？回顾这段历史，人们有理由为魏玛政府的时运不济而慨叹，毕竟两枚"重磅炸弹"——一战战败的沉重包袱和前所未有的经济危机，都让这个脆弱的民主政权饱受打击并最终毁灭。霍布斯鲍姆（Eric Hobsbawm）就此提出了一个疑问：自由主义的民主制度是否难以应对大灾难的挑战？他的回答是肯定的：

> 实际上，自由主义政治是十分脆弱的，因为其特有的政府组成形式及实施代议制民主的方法根本不是令人信服的治国之道，大灾难年代的种种情况连这种政权的生存条件都保证不了，更不用说让其有效行使职能了。①

霍布斯鲍姆紧接着写到，民主政治能够成功的重要条件之一是富裕与繁荣。在经济繁荣的情况下，所有个人和团体都能够分享经济发展所带来的利益，因而国家和议会可以保持相对稳定；但当诸如战争和经济危机这样极端的灾难发生时，民主制度便会遭到挑战甚至瓦解，政治也会日趋两极化。后期的魏玛德国正是这样一个例子：在共和国的最后几次选举中，极右的纳粹党和左翼的德国共产党都获得了较高的选票，而一些中间党派则少有人问津。而纳粹党

---

① ［英］霍布斯鲍姆著：《极端的年代》，马凡等译，南京：江苏人民出版社，2010年，第137页。

和共产党之间又存在着不可调和的意识形态矛盾,因此议会常常成为两党意见纷争的舞台。不仅如此,两党在议会外也时常爆发街头火拼。另外,1929年突如其来的大萧条更是加深了德国人对民主政治根深蒂固的不信任感,它使德国人认定是这种失败的体制导致了德国的衰落,进而导致了政治上的极端化倾向。

在此我们需要加以补充的是,霍布斯鲍姆的分析尽管正确,却并没有试图对当时德国人的心理特征作进一步分析(当然这并不是他的疏忽所致,因为这项工作并不在历史学家的职责范围内)。实际上,非理性因素对此时德国人在政治上的抉择也发挥了至关重要的作用。魏玛德国虽然废黜了皇帝,但德国人并没有因此获得更多自由。相反,从表面上看来,这个新式的共和国给德国人带来的似乎只有无穷无尽的战争赔款和喋喋不休的议会辩论。自由主义制度并没有像那些民主派政客们所吹嘘的那样,让德国人在世界上获得自我实现的机会;在多数德国人眼中,这个制度更像是一战战败的屈辱象征,是协约国强加于德国人脖颈上的枷锁。因此他们得出了一个结论:现代的自由主义制度并非德国人幸福的保证,而德国的光荣传统又在风雨中飘摇,矛盾的德国人因此被夹在了传统和现代的缝隙之间。

德国人急切地想要摆脱这一困境,而纳粹主义的兴起正迎合了人们的这一心理:

> 有关为雅利安人增光添彩、将犹太人病态化以及政治和经济方面进行报复的奇怪论调,迷倒了大学、会议室、啤酒馆中

的听众,鼓励着与德国人在历史上曾经认为是明智、道德和人性的东西进行最野蛮的分离。对于古老德国所要依赖的各种易碎的东西而言,这里有一种新的易变心理,它既自信又绝望,乐意接受希特勒的各种言论。①

虽然历史教科书总是将极权主义形容为世间万恶之源,但极权主义的群众运动作为一种极端浪漫主义的体现,对于当时德国的中下层民众却有着非同寻常的吸引力。因此,尽管民主议会制被资本主义世界视为最好的一种制度,但终被当时的德国人抛弃了。在接二连三的灾难面前,一些不堪重负的人选择了放弃自由,自愿投入了极权主义的致命怀抱。这点并非完全不可理解:为了所谓的"自由",德国人不得不忍痛放弃他们曾经引以为傲的传统,不得不挥泪告别那个曾经令人感到安全舒适的精神家园;为了所谓的"自由",德国人付出了难以承受的代价,得到的回报却寥寥无几。在懊恼、悔恨和绝望中,他们被希特勒"构建德意志民族共同体"的漂亮谎言所蒙骗。"德意志民族共同体"的口号之所以如此诱人,正是因为它满足了饱受折磨的德国人寻找安全感的欲望,在这个共同体中,人们幻想着软弱的个体能够被强大的集体力量所保护。然而,这毕竟只是一个幻想,正如历史向我们所展示的,这股非理性的风暴最终酿成了一场更大的灾难。1933年,德国纳粹以合法方式取得了政权,也开启了人类现代史上最黑暗、最极端的年代。

---

① [德]奥茨门特著:《德国史》,邢来顺等译,北京:中国大百科全书出版社,2009年,第289页。

第二节 倒错的欲望——极权主义

一、精英与群氓的合谋

在美国波士顿的犹太人屠杀纪念碑上,刻有这样一段诗文:

起初他们追杀共产主义者,我不说话,因为我不是共产主义者。

接着他们追杀社会民主主义者,我不说话,因为我不是社会民主主义者。

后来他们追杀工会成员,我不说话,因为我不是工会成员。

之后他们追杀犹太人,我还是不说话,因为我不是犹太人。

最后他们要追杀我,但再也没有人站起来为我说话了。

对于熟悉二战历史的人来说,这首名为《起初他们》(First they came)的诗想必已是耳熟能详。它出自于"斯图加特悔罪书",是二战后德国教会对于战争错误的深刻反省。这篇短诗寥寥数语,却描绘出了一个令人不寒而栗的场景:密不透风的恐惧与绝望渐渐将人包围,最终吞没并窒息了每一个人。它警告人们,不要对任何威胁人类自由的罪行袖手旁观——如果不加以阻止,不断蔓延的灾难最终也会降临到自己头上。

不消多说,这篇短诗正是上世纪30—40年代德国的真实写照。在纳粹的淫威面前,一些人只能默不作声地忍受极权的暴政。许多人在分析这段历史时,总是将德国人陷入疯狂的原因归咎于希特勒个人身上,将希特勒总结为一个具有诱惑力的魔鬼,或是一个极度心理变态的精神病患者。应当承认,这些分析都是有一定道理的:有充分的证据表明,希特勒本人确实存在严重的心理障碍和人格分裂倾向,他身边的人在战后的回忆录中也常常提及他的喜怒无常和歇斯底里。然而还有一个更加关键的问题:是谁将这样一个"恶魔"推上了德国权力的顶峰?

一个不容忽视的事实是,这个"恶魔"身边围绕着许多具有丰富技术知识的专家,他们的工作使得希特勒能够维持这个看似不可能的政权。这一特点在纳粹德国的经济生活方面表现得最为突出。尽管大萧条对当时的德国经济造成了难以估量的损失,但奇怪的是,政府的财政收入在纳粹的统治之下似乎有所好转,这一点在第三帝国早期表现得尤为明显:

> 实际上,从1933年到1935年,国家的税收收入增加了25%,差不多20亿帝国马克。同时对失业补助的开支降低了18亿帝国马克。可以看到,在经过合理的短暂时间之后,国家贷款又筹集到了高达38亿帝国马克的资金。已经实行的政

策似乎造就了一个美好的未来,并出现了"德国金融奇迹"这样的宣传用语,公认的经济学家贡特·施默尔德斯在其发表的文章中还使用了"帝国金融经济的最高成就时期"或者"完全的价格政策"这样的表述。①

由于希特勒的政府在早期获得了一系列"成功"(至少在表面上将德国经济拉出了泥沼),所以德国人对于纳粹的信心也与日俱增,这种独裁统治也因此被人视为一种"受欢迎的独裁"。纳粹独裁受到民众欢迎的另一个原因在于,第三帝国时期纳粹政府对于民众一直采取温和的税收政策:即使在战争最为激烈的时刻,希特勒和戈林也一再强调避免对德国中下层民众征收过多的税款。这固然遭到了国内一些财政专家的反对:提高税收是战争中常见的现象,也是非常时期财政专家们普遍采用的政策工具之一。但这些不同意见均遭到了希特勒的无视,正如1940年德国一些财政专家所抱怨的,"目前根本不存在任何指望,有哪一种税收政策可以在德国元帅(戈林)和元首那里获得通过"。尽管这样一种哗众取宠的行为对战争而言非常不利,但此举却大大激发了德国人对于元首的热情和忠诚。

既然无法从数量众多的中下层德国民众身上征收税款,纳粹的财政专家们便只好掏空心思"开源节流"。除了尽量节省开支外,财政专家们唯一可用的"武器"便是抢劫。他们第一个抢劫的目标便是

---

① [德]阿利著:《希特勒的民族帝国:劫掠、种族战争和纳粹主义》,刘青文译,南京:译林出版社,2011年,第39页。

犹太人,这一过程就是犹太人财产的"雅利安化"(Arisierung)。

首先,自 1937 年起,纳粹通过暴力手段将德国犹太人的固定财产"国有化",犹太人开设的工厂和商店或在一夜之间变成了国有财产,或是被强迫出售给非犹太人,许多犹太人因此失去了工作。在剥夺了犹太人的固定资产后,纳粹政府又开始进一步侵占犹太人的个人财产:"1938 年 4 月 26 日纳粹政府又出台了一项规定。该规定强制犹太人将其所有财产详细地向财政局进行申报,只要其财产超过 5000 马克。"这种抢劫犹太人财产的方式被一些人称为"德国经济上完全和最终解决犹太人问题的开路先锋"[1]。而财产申报的下一步,是将所有犹太人的财产(包括房屋、汽车、艺术品和有价证券等)强制兑换成国家债券。表面上看来,这种国家债券是以国家的信用为担保,但实际上这种国家债券无法兑现:首先,纳粹政府根本没有诚意将其兑现给犹太人;其次,纳粹政府也不可能兑现这些债券,因为德国国库里根本没有这么多资金;第三,这种债券也不具有国际流通的可能性,因为其他国家根本不接受纳粹政府发行的债券。换而言之,这种债券根本就是一些废纸罢了。最后,还有臭名昭著的"犹太人赎罪金",总共高达十多亿帝国马克。有人对以上强盗行径做了一笔估算,发现纳粹政府通过抢劫犹太人获得了数额惊人的收入:

  ……这样,总体上估算,在战前几年的财政预算中,雅利

---

[1] [德]阿利著:《希特勒的民族帝国:劫掠、种族战争和纳粹主义》,刘青文译,南京:译林出版社,2011 年,第 44 页。

安化获得的收益至少占到帝国收入的9%。这包括记载的将犹太人的外汇和证券强制兑换为国家公债（1933年到1935年，帝国移民税已带来将近10亿帝国马克的收入。1938/1939年财政年度因为恐怖暴行而成为获利最高的时期，达到342621000.00帝国马克）。①

在这场对犹太人的疯狂抢劫中，第三帝国的财政专家们始终扮演着帮凶的角色。他们一再批准了抢劫犹太人的财政政策，并通过洗钱等非法手段维持第三帝国的运转。他们也许可以狡辩自己并没有直接参与到驱逐和屠杀犹太人的罪行当中，但他们执行的政策却最终将犹太人推向了名为"死亡"的终点站：根据资料记载，埃米尔和亨尼·乌尔曼是一对原本生活在德国的犹太夫妇，起初他们的生活条件还算不错，但在纳粹的迫害下，他们的财产被全部"雅利安化"，并在身上只携带了10帝国马克（这是纳粹政府允许犹太人随身携带现金的最高限额）的情况下逃往卢森堡。然而，死神仍然没有放过这一对可怜的夫妇——他们在1941年被纳粹逮捕并关押到罗兹集中营旦，埃米尔·乌尔曼于1942年11月7日死于体力衰竭，而亨尼·乌尔曼则在同年9月17日在煤气车中遇难。

有时财政专家们的意见会与第三帝国高层官员的意见冲突。希特勒和戈林等人并没有接受过系统的经济学教育，因此他们所提出的经济政策总是充满了投机主义的味道，其目的并不是为了真正促

---

① ［德］阿利著：《希特勒的民族帝国：劫掠、种族战争和纳粹主义》，刘青文译，南京：译林出版社，2011年，第50页。

进德国经济的发展，而只是用来向支持纳粹党的德国民众示好。在绝大多数情况下，财政专家们也只能服从希特勒的旨意，努力地在希特勒的政治投机主义与客观经济规律之间艰难地斡旋。这些专家们最终发现了一条折中的方案，既能解决帝国的财政危机，又能让元首满意，同时还能讨好纳粹党重要的支持者——数量庞大的德国中下阶层民众，而抢劫犹太人便是这些政策专家们的杰作之一。在此，纳粹政客们与财政专家们达成了默契：政客们以不切实际的政治宣传迷惑民众，激发他们对第三帝国的忠诚；而专家们则在政策层面予以支持，通过一些罪恶的行径将这些幻象变成现实。正是有了这些技术专家们的支持，这个结构极不稳定的独裁政权才能统治德国长达 12 年。

然而，仅有这些专业技术人员是远远不够的，希特勒也深知博得民众的欢心乃是纳粹政府工作的重点。1939 年，随着二战的爆发，德国将大量资源投向了军事工业，导致了民用工业生产力明显下降，生活物资也开始出现供不应求的现象；与此同时，地下黑市开始盛行，通货膨胀现象也日益严重。为了满足民众的情感需要和缓解国内经济的紧张态势，纳粹政府在抢劫了犹太人之后，又将贪婪的目光投向了被占领的国家。

在战争初期，许多德国人的生活条件不仅没有受到影响，反而被从国外掠夺而来的战利品所包围，这一点也许与人们对于战争的印象背道而驰。在外作战的德国士兵将成火车厢的战利品从前线寄回家乡，这些战利品五花八门，包括了最基本的生活物资，也包括众多高档奢侈品。这些战利品的收件人基本上都是德国士兵的家人——常常是留守在家的妇女,因此德国妇女们常利用这个机会相互吹嘘自己刚刚收到的精美礼物。这些妇女们的反应是十分有趣的:她们并没有亲眼见证战争前线的残酷景象,而是被纳粹德国所编织的谎言所蒙蔽,也被前线寄来的丰富物资冲昏了头脑。因此,她们认为像这样不愁吃穿的生活充实而美满,甚至在战争结束后的十年间,当这些妇女回想起战争中收到的礼物时,仍是一脸幸福的表情。更值得玩味的是,当太太们如数家珍地回忆起这些包裹时,曾经在前线作战的先生们则极力否认他们曾经参与过大规模的劫掠行动,他们"无一例外地都在争辩,他们当时只寄回过一个包裹"。

德国士兵在前线的掠夺几乎毫无限制,这显然对被劫掠的国家造成了严重伤害,但这种暴行却受到了希特勒和戈林(Hermann Goring)的公开支持。当一些官员对德国军队在东欧的强盗行径提出批评时,希特勒就叫嚣道:"我现在要像强盗一样地前进。我还能从东部带点什么呢?艺术宝藏?根本就没有这种东西!只剩下那么一点吃的了!这种情况下不可能有比让士兵们的家人得到它们更好的事情了。"戈林则更是反复强调"士兵可以买所有他们想要的、能拿的东西",并且提出"携带豁免"的概念——即"对休假士兵携带的所购商品的限制应当放宽。士兵所能携带的东西以及他个人和其家庭成员的必需品允许被携带"。这项举措意味着,德国士兵可以几乎无限量地将海外掠夺的物资带回家乡,只要他们能拿得动。

希特勒的意图是很明显的:首先在物质层面上,大肆抢掠国外物资可以弥补国内民用物资的不足,实现以战养战的目的;更重要的是,纳粹政府通过不断获胜的战争和源源不断的战利品,可以逐渐安抚由于战争而引起的民众恐慌，并且获得国民更多的支持和忠诚——或至少是对纳粹暴行的默许和纵容。希特勒非常清楚，大众的支持是推动战争的根本动力，因此纳粹必须尽一切可能讨好德国民众并满足他们的物质需求。例如，为了缓解社会矛盾，戈林从1942年夏天开始执行一个名为"圣诞行动"的计划。在此期间，德军在西欧被占领国家中囤积了大量的商品，准备在当年的圣诞节把这些商品放在德国的圣诞树下，当做节日礼物发放给德国人。他要求各地的负责人"最大限度地掠夺，以使德国居民能够正常的生活"。在一次会议上，他承认这样的做法的确是一种抢劫，但仍然坚持要"使圣诞节前的橱窗都挂满这些商品，使我们的民众可以轻松购买"。

然而，这种劫掠是建立在无数被侵略国家的痛苦之上。当德国国内民众享受着源源不断从远方寄来的战利品时，受侵略国家的人们正挣扎在死亡线边缘：在列宁格勒被围期间，每天都有成千上万的俄罗斯人由于饥荒、疾病和寒冷而丧生，而必要的食品、药物和衣服则早已被侵略者扫荡一空。当德国人围坐在圣诞树下拆开那些来自海外的"元首的馈赠"时，俄罗斯人只能把成堆的尸体丢进一个由手榴弹炸成的公共坟坑中——在冬天，备受战争煎熬的人们已经没有力气在冻土上挖出像样的坟墓了。

在德国民众普遍对纳粹暴行保持沉默时，也并非没有人站出来表示抗议，然而在狂热的民族情绪面前，理智的声音显得那么微不足道。通过以上两方面的分析可以看到，在纳粹极权主义这场声势浩大的群众运动中，精英和群氓形成了暂时性的合谋关系：群氓在纳粹政治宣传家的煽动下产生了狂热的民族情绪，而专家则为满足群氓的物质和心理需求制定出罪恶的抢掠政策，并以物质利益进一步诱惑群氓，使其丧失基本的判断是非的能力，并对这些反人类的暴行保持沉默。这组合谋关系便是极权主义运动的基本动力，它也为希特勒攀上权力巅峰创造了条件。

二、无从逃脱的极权主义幻象

1. 极端的恶：希勒特的欲望幻象

在这对精英和群氓的合谋关系中，希特勒所扮演的角色十分特殊：一方面，希特勒作为帝国元首和纳粹党魁，其中心地位无人可比，是不折不扣的社会精英；但另一方面，如果我们回顾希特勒的成长史，会发现他并非出身显赫——他在进入政坛前一文不名，曾经一度生活落魄。换而言之，希特勒正是这一时代精英阶层和群氓结合的产物。于是，希特勒如何从一个名不见经传的"林茨下士"变成第三帝国至高无上的元首，成了吸引许多历史学家的问题。许多人猜测，希特勒的身上一定有某些特质，这种特质能够对周围的人产生致命的吸引力。一些人甚至煞有介事地对希特勒演讲时的声音进行了科学分析，认为他带有奥地利口音的德语对德国听众来说具有催眠作用。然而撇开纳粹宣传机器捏造的"神话"和盟军对希特勒过分妖魔化的夸张宣传不谈，希特勒事实上并没有什么过人之处（这丝毫不是在为希特勒开脱）。

不过，希特勒的性格和心态的确呈现出极端化倾向，这点值得注意。正是这些细节影响了他的人生道路，也影响了纳粹德国的政策取向,更造就了有史以来最大的反人类恶魔。许多研究报告都曾经指出希特勒具有边缘性人格。在希特勒身上,其边缘性人格的首要特征是自我分裂,这一点突出地表现在希特勒对待部下的态度中:希特勒无法容忍别人对他的批评,常常会因为一些小事而勃然大怒;而他发怒时的行为则令很多人记忆深刻,有的人甚至声称元首在发怒时还会出现诸如嚼地毯这样的异常举动:

> ……在最恶劣的愤怒中,他的行为无疑像个被宠坏了的孩子,在他不能为所欲为时便用拳头去打桌子和墙。他责骂、叫喊而且结巴,有时口角尽是唾沫。劳施宁在描写这些失控的表演时说:"他的目光充满了恐惧,头发散乱不堪,眼睛直勾勾的,脸部扭曲而且发紫。我害怕它会垮掉或者中风。"①

即使从这些比较温和的描述中,人们也不难发现希特勒极端狂暴的性格。但奇怪的是,在希特勒的愤怒情感剧烈爆发之后,他会立刻恢复平静,像什么都没发生过一样,这种神经质的脾气常常让他周围的部下感到摸不着头脑。

神经质的性格进一步导致了希特勒行为的极端化。希特勒往往无法以平常心面对失败和挫折,他的行为也因此往往趋向于极端,甚至常常以死相逼:在 1923 年啤酒屋政变时,希特勒就威胁身边的人说,如果这次政变失败,他就去自杀;1932 年,当希特勒最喜

---

① [美] 兰格著:《希特勒的心态——战时秘密报告》,程洪雁译,北京:中央编译出版社,2011 年,第 60 页。

爱的外甥女吉莉（Angela Maria "Geli" Raubal）去世后，他也扬言要自杀；同样，在1945年盟军攻陷柏林时，希特勒选择和他最后的情妇爱娃·布劳恩（Eva Braun）一同自杀，并且命令部下将他的尸首焚烧，绝不能把尸体留给盟军。

不过，尽管希特勒常常将自杀挂在嘴边，他却始终未能直视"死亡"这一生命的终极命题。他一直对死亡充满了恐惧：他害怕自己被毒杀，每日三餐都由专人特别准备；他也害怕疾病，并长期服用大量药物；在1944年施陶芬贝格（Claus von Stauffenberg）刺杀希特勒的"瓦尔基里行动"失败后，希特勒便将自己深藏在地堡里，从此便再也没有在德国大众面前公开露面了。

在逃避死亡的同时，希特勒也妄图实现不朽。他称纳粹将会建设一个永恒的"千年帝国"，让雅利安人永远统治整个世界，这一点在纳粹时期宏大却毫无生命力的建筑物中也有体现。在莱妮·里芬施塔尔（Leni Riefenstahl）饱受争议的纪录片《意志的胜利》中，人们可以看到纳粹德国建筑总监阿尔贝特·施佩尔（Albert Speer）的"杰作"：1933年，施佩尔为纳粹党第一次代表大会设计了一座集会会场，这座会场的巨大规模简直令人眩晕，它包括一座体育运动场、一座大型音乐厅和一块军事演练场。在这座硕大无朋的建筑物面前，个人只能感到自己的渺小和无助，这也正是施佩尔设计的初衷：所有的公共建筑只有一个目的，那就是极力歌颂一个不朽的千年帝国。

希特勒对死亡的恐惧和对不朽的渴望促使他努力地在德国人民面前塑造一个全知全能的"超人"形象，这一点我们能够轻而易举地在纳粹德国时期的宣传材料中发现。因此,任何胆敢挑战他"超人"形象的人或事情都会引起希特勒的极度愤怒。一些人也观察到了这一细节:

> 那些在他周围的人首先承认,他现在认为自己是绝对正确的和不可战胜的。这就解释了他再也不能忍受批评或反驳的原因。在他眼里,反驳他就是犯了"对元首不敬罪";反对他的计划,无论来自任何侧面,都是亵渎神圣。对它们的回答只能是立刻而且惊人地展示他的全能。①

然而,尽管已经登上权力巅峰的希特勒可以通过强制手段让所有忤逆他的人闭嘴,他仍然对一件事完全无能为力,这就是死亡。许多心理学家在分析希特勒的心态时,都提及了希特勒幼年时在家中的特殊地位,以及希特勒强烈的恋母情结:由于在希特勒出生之前,希特勒的母亲克拉拉·波尔兹尔(Klara Poelzr)曾经有过三个孩子,但都过早夭折了,因此克拉拉对她的第四个孩子希特勒过分宠溺,这种过度保护的行为导致了希特勒的性格变得任性而顽固,并产生了严重的恋母情结。一些心理学家因此认为,正是这种不健全的母子关系导致了日后希特勒诸多的病态行为。分析报告多将日后希特勒行为反常的原因全部归罪于希特勒的母亲,这也许有些言过其实,但有一点是准确的:由于特殊的家庭经历,年幼的希特勒或许

---

① [美]兰格著:《希特勒的心态——战时秘密报告》,程洪雁译,北京:中央编译出版社,2011年,第165页。

过早地接触到了死亡这个沉重的问题。在希特勒看来，死亡意味着弱小的生命体向"优胜劣汰"的自然法则低头，这不啻也是一种失败。而与之前的三个兄弟姐妹相比，希特勒似乎认为自己是一个胜利者，因为他战胜了早夭的命运。但尽管如此，天生体弱多病的希特勒仍然十分畏惧死亡，而亲人的死（尤其是母亲的死）更是让希特勒陷入了绝望，因此对死亡的恐惧成了困扰希特勒一生的梦魇。

在过去，人类克服死亡恐惧的传统方法是投向宗教的怀抱。人类害怕在死亡后堕向虚无的深渊，因此通过幻想一个彼岸世界来减轻这种恐惧。然而传统的宗教日渐凋敝，使得希特勒像许多同时代的人一样，并没有选择宗教这一条道路。另一方面，也有一些人在成长过程中意识到了死亡的不可避免性，因而在一番痛苦的挣扎后，最终平静地接受了这一事实，希特勒也没有做到这一点。显然，过早地接触死亡成为了希特勒年少时的一道心理创伤，也阻滞了他人格的正常发展；而成年后的希特勒也未能正视死亡的问题，其心理状态依然十分幼稚，他仍像一个任性的孩子一样，只通过不切实际的妄想逃避面前的难题。

所以在面对死亡这个问题上，希特勒试图通过幻想的方式竭力压抑对死亡的忧虑，希望在世俗世界中找到一股强大的庇护力量，能够让他战胜对失败和死亡的恐惧。因此在他的政治生涯早年，希特勒给许多人留下了一种趋炎附势的奴才印象，他总是不由自主地对那些位高权重的人流露出无限崇敬之情：

在他作总结性发言时，说到鲁登道夫将军和席克特

(Seeckt)。在这一时刻，他立正站好，并大声地说出"将军"和"阁下"。这使得一边是他朋友的鲁登道夫将军和另一边是他的敌人的德国陆军指挥官席克特之间没有了区别。他完全沉醉于说出那些动听的头衔。他从不说"席克特将军"，而是说："尊敬的陆军将军席克特阁下"。他让这些词溶入了自己的舌头，并且品尝着他们的余味。①

但是，当羽翼日渐丰满的希特勒发现这些人并不足以充当他的庇护者时，他便会毫不留情地唾弃这些他曾经崇拜过的对象。最终希特勒发现，没有任何人足以担当这个强大庇护者的角色，也没有任何力量能够保佑自己不受任何伤害，在失望之余，希特勒发展出了一种荒谬的救世主情结。他认为，既然没有人能够成为全知全能的保护者，这个角色就只能由自己来扮演。极度的自卑和恐惧反而变成了极端的自我膨胀，他的救世主情结也日渐产生了一种过分夸大的自信。但这些都只是希特勒的幻想，他之所以如此只是为了掩饰他心中难以克制的恐惧。他将自己幻想成一个不可战胜的"超人"，这在日后集中体现在他对健美的雅利安男性的宣传描述中（讽刺的是，希特勒本人的相貌与他所期望的雅利安男性形象相去甚远）。就这样，掌权后的希特勒试图通过塑造"超人"的形象以战胜失败和死亡，这就转而变成了一种不朽和永恒的追求。

显然，这种对不朽和永恒追求乃是不切实际的，因为希特勒的

---

① ［美］兰格著：《希特勒的心态——战时秘密报告》，程洪雁译，北京：中央编译出版社，2011年，第66页。

"超人"形象只是一种幼稚的幻想。此一幻想产生于希特勒的异想天开,他明知失败乃在所难免,死亡乃天命难违,却妄图战胜它;他害怕失败,更惧怕死亡,只能通过将自己想象成战无不胜的"超人",以此将恐惧感深深地压抑。在希特勒全面掌权后,他的妄想又进一步被纳粹宣传机器强化,并得到了德国民众的广泛呼应。

希特勒身上的邪恶是一种"极端的恶"。这种邪恶之所以如此极端,其原因在于希特勒试图扮演"救世主"——一个不可能的角色。他一味地沉湎于自己的幻想世界中,还强迫所有人服从这个世界的秩序,因此所有的一切都必须指向他自身的愿望和需求,他根本不会为除了他自己以外的任何人着想。在成为帝国元首后,"他把个人问题投射到民族上,而且试图在这种不切实际的水平上解决它们。他的小宇宙已经膨胀成了一个大宇宙"①。许多人曾误以为希特勒是一个狂热的爱国者,但实际上他只是一个极度自私的人:他提出了所谓的"德意志民族共同体",乍看之下似乎是他拳拳爱国之心的表现,然而实际上他根本不是一个爱国者,因为希特勒根本不懂得爱为何物——在希特勒的眼中,人与人之间只剩下统治与被统治、虐待与被虐的关系。说白了,他只是妄图在这个"德意志民族共同体"的谎言中,寻找到一个可以将自身的不安和恐惧隐藏起来的掩体。

希特勒是一个不折不扣的"魔鬼",他的疯狂令后人回想起来都感到害怕。但从精神分析学的角度来看,希勒特深陷于自己的欲望

---

① [美]兰格著:《希特勒的心态——战时秘密报告》,程洪雁译,北京:中央编译出版社,2011年,第126页。

中,而这个欲望是一个不可能的欲望——超越死亡、成为不朽。他的人生没有达到弗洛伊德所说的精神分析法的最终目标,那个解除主体症状的终结点——穿越幻象,洞见真实,最终直视欲望本身。相反,希特勒试图通过各种各样的方式逃避现实:他始终沉溺于那些不切实际的想法:缔造不朽的千年帝国,找寻虚无缥缈的"极北之地",沉迷于黑魔法和占星术,满世界寻觅"圣杯"和"命运之矛"的踪迹……因此,正如许多心理学家所言,希特勒归根结底就是一个精神分裂症的患者,而他病症的根源就是他无法穿越欲望的幻象之网。

但不巧的是,在当时混乱的社会情形下,没能穿越自身欲望幻象的并非只有希特勒一个人:希特勒的疯狂正迎合了当时德意志民众的心理,他们承担了过于沉重的历史负担,急需要一场痛快淋漓的发泄。由此,希特勒和德国大众之间形成了一对致命的互动关系,它最终以极权主义运动的形式体现出来。

2. 平庸的恶:大众欲望的幻象

在希特勒众多帮凶之中,阿道夫·艾希曼(Adolf Eichmann)并不起眼。事实上,艾希曼在纳粹军队中所达到的最高军衔也只不过是党卫军一级突击队大队长(Obersturmbannführer,相当于陆军中校军衔)。但在 1961 年的耶路撒冷审判中,艾希曼受到了世界各地犹太人的高度关注,甚至汉娜·阿伦特(Hannah Arendt)也不远万里地赶到耶路撒冷旁听了这场审判。

耶路撒冷审判受到全世界犹太人的重视,这并不奇怪,因为艾希曼作为犹太人"最终方案"(the Final Solution)的主要负责人,曾导致了 600 万人死于非命。许多人质疑艾希曼证词的真实性,认为他至今为止仍然在为自己的行为开脱。因此他的话不足为信。但在这场审判中,艾希曼的证词与一些犹太幸存者的描述基本吻合,并且他对自己过去的行为也供认不讳,因此艾希曼似乎并没有说谎。但即使如此,在纳粹政权已经覆灭16年后,当许多德国人已经对二战时犯下的过错进行深刻反省时,艾希曼仍然顽固地坚称自己当时只是执行上级的命令,因此不应当承担罪责,这点引起了犹太人的惊讶和愤怒。许多人因此认为艾希曼与希特勒一样,都是神经错乱、道德败坏的恶魔。但经过以色列警方的严格检查,艾希曼并未患有精神方面的疾病,他甚至还振振有词地引用了康德的话来为自己的行为辩护,认为将犹太人驱逐出境、集中关押甚至"最终方案"都只是遵照犹太复国主义的设想而已,而对于大屠杀,他丝毫没有感到良心不安。

显然从生理学的角度上讲,艾希曼的心智十分正常。然而他虽是一个正常人,却正常得令人害怕,正如汉娜·阿伦特所指出的:

> 从我们的法律制度和我们的道德准则来看,这种正常比把所有残酷行为放在一起还要使我们毛骨悚然。为何如此?那是因为在纽伦堡审判中被告和辩护律师反反复复说的那样,事实上意味着是新的犯罪者(hostis generis humani)在知道自己做的恶行或者感觉到这种恶行几乎是不可能的状况下犯下了这种罪恶的。①

---

① [美]阿伦特著:《伦理的现代困境》,孙传钊译,长春:吉林人民出版社,2003年,第45页。

阿伦特的这番话并不意味着她认为艾希曼是无罪的，她说此番话的目的是为了提醒人们，艾希曼是在不自知的情况下犯下了滔天罪行。而他之所以不自觉地成为了希特勒的狂热追随者，其原因也许并不仅仅是个人的，人们更应当从社会环境的角度对他残酷迫害犹太人的行为动机加以分析。

在当时，沦为纳粹意识形态信徒的德国人绝不是少数，不仅社会中下层在为纳粹党摇旗呐喊，许多精英分子也对纳粹主义的理想笃信不疑，这其中甚至包括了像海德格尔这样的大哲学家，而另一个广为人知（也更臭名昭著）的例子是纳粹宣传部部长戈培尔（Paul Joseph Goebbels）。戈培尔天资聪颖，曾在德国多所大学里攻读文学、艺术和历史，并获得了海德堡大学的哲学博士学位。但即使作为一个学富五车的博士，戈培尔仍然被希特勒的花言巧语所眩惑。最初，戈培尔并不欣赏希特勒：1926年2月14日在汉堡举行的纳粹党干部会议上，戈培尔还斥责希特勒是一个投机主义分子，应当被纳粹党除名。希特勒尽管极为不悦，却也注意到了戈培尔的过人才能。最终在希特勒不断地劝诱之下，戈培尔对他的看法发生了戏剧性的转变。人们可以从戈培尔的日记里清楚地发现，在短短两个月内，戈培尔对希特勒的态度从最初的嗤之以鼻，急剧转变为后来的顶礼膜拜。

从此，戈培尔成为了希特勒最忠实的爪牙，也被后人称为是"创造希特勒的人"。作为纳粹的宣传大师，戈培尔通过控制大众媒体，炮制出了一系列令人狂热的社会日常景观。戈培尔首先加以利用的是当时最先进的传播工具——广播。纳粹政府通过向普通德国家庭推广廉价的收音机，使得德国的广播听众数量陡增；而广播节目的主题基本上都围绕着纳粹的政治生活，内容无非是纳粹首领们蛊惑人心的讲话，或是虚假的前线胜利消息。而借助无处不在的扩音器，元首的声音和意志更是扩散到了德国的每一个角落。

　　电影也成为戈培尔手中有效的宣传工具之一。纳粹德国拍摄的电影大多分为两类，一类带有明显的政治宣传色彩，例如前文提及的《意志的胜利》、《奥林匹亚》、《冲锋队——男人的热情》、《希特勒男孩》、《亲爱的犹太人》等等，但连德国人也无法忍受这些赤裸裸的宣传手段，因此这些电影的票房大多数都极为惨淡。似乎戈培尔自己也认识到了这些令人厌烦的宣传片的害处，他甚至公开承认这些电影与其说让人们得到了娱乐消遣，还不如说让人们感到害怕。为了解决这个问题，纳粹也拍摄了一些具有单纯娱乐性质的电影。但这些娱乐片在给人带来欢乐时，也只是暂时性地提供了一个让人们逃避残酷现实的奇幻世界。

　　纳粹党的宣传大师们还绞尽脑汁地将原本平淡的日常生活变成狂热的纳粹庆典。在第三帝国时期，纳粹人为地设立了一系列充满政治意味的节庆日：希特勒的生日4月20日变成了全国上下最大的庆典，报纸上挤满了谄媚元首的字眼；而1月30日是希特勒被任命为总理的日子，纳粹党徒们也热烈地庆祝这一天；11月9日全体德国人被要求保持庄重和严肃，因为这一天是啤酒屋政变失败的日子。不难看出，这些节日庆典的主题无一不是围绕着希特勒和纳粹党。

纳粹还积极组织和"驯化"德国青年。每年4月的英雄纪念日，许多德国男青年纷纷"自愿"（实际上是被强迫地）加入希特勒青年团（Hitlerjugend），而青年团则不停地将元首的意志灌输给孩子，并使德国青年变得粗暴而好战。在基础教育当中，种族主义是纳粹教学内容的核心，生物课成为了各科目的重中之重，课程的内容则充满种族歧视的意味；历史课的教学内容也遭到了歪曲，雅利安人的历史被严重夸大，而犹太人的形象则被大大丑化；纳粹种族主义哲学家的思想更是公然在学校内传播。在纳粹思想的"熏陶"下，一些德国青年变成了极端冷酷的种族主义者。

以上这些，都是纳粹德国时期日常生活的剪影。纳粹的触手伸向了德国人日常生活的方方面面，无处不在的宣传控制着公共景象，狂热的纳粹运动灼烧着每一个人的心智。戈培尔们所炮制出的元首的"超人"形象，恰巧迎合了德国大众心底里对于"原始父亲"的渴望，因此在纳粹的充满煽动性和诱惑力的公共生活中，试图保持理智和清醒将变得极为困难。

在这种情况下，反抗元首的意志变得几乎不可能。又或者说，一些人根本不想去反抗。正像上文中所指出的，希特勒以物质生活的虚假繁荣博得了许多人的欢心，又以各种激动人心的社会公共景观激起人们对纳粹的忠诚，但物质生活的丰富和心理需求的满足让人们无法看清这一点，即希特勒所提出的解决社会危机的方案根本就是空谈：他没能解决任何实际的问题；无论是抢劫犹太人还是外国人财产的政策，都只是暂时性地将德国国内危机造成的危害转嫁给了非德国人。这套伎俩假如能够顺利地施展（就像纳粹在上台初期所做的那样），那么德国人就会误以为希特勒是一个拯救了德意志的伟人。

强大的极权幻象控制着人们的心智，而更糟糕也更可悲的是，在声势浩大的社会潮流面前，越来越多的人不自觉地陷入极权主义运动中，艾希曼便是在此种情形下卷入了纳粹种族主义阴谋的。与戈培尔对纳粹信仰的"忠贞不二"相比，艾希曼根本没有那么高的"思想觉悟"——艾希曼在1939年出版的自传中谎称自己加入纳粹党纯属自愿，然而真实情况是，艾希曼在加入纳粹党之前，对这个政党的组织结构和奋斗目标一无所知。即便如此，艾希曼还是鬼使神差地于1933年4月加入了纳粹党：

> ……正如他在法庭当中所指出的，"纳粹党吞噬了所有人，没有人例外，也没有人有预先选择的余地。一切都发生得如此迅速而突然"。没有足够的时间通知他（有关加入纳粹党这件事），他对此也兴趣甚寡，他甚至不知道纳粹党的章程，也从来没有读过《我的奋斗》。卡尔腾布伦纳（Kaltenbrunner）对他说：为什么不加入党卫队呢？而他则回答道：是啊，为什么不呢？事情就这样发生了，这就是全部的经过。①

艾希曼远非一个愚者，但却毫无思想可言，因而阿伦特称他所犯的罪恶是一种"平庸的恶"。艾希曼对纳粹的种族迫害行为没有

---

① Hannah Arendt, *Eichmann in Jerusalem: a report on the banality of evil*, New York: The Viking Press, 1965, p. 33.

多少兴趣,这点与戈培尔大相径庭——戈培尔自以为他有一个"崇高的"奋斗目标,他是纳粹主义的真诚信徒,也极度仇视犹太人,他的所有努力都是为纳粹主义信仰而服务;而艾希曼大概只对自己的事业前途感兴趣——当艾希曼被提拔时,他显得趾高气扬,曾与艾希曼有过接触的犹太人弗朗茨·梅耶(Franz Meyer)的证词证实了这一点。在梅耶眼中,艾希曼曾经是一个行为端正的基层官员,他"真诚地聆听我们(犹太人)的意见,并努力了解当前的形势";但在1939年2月,当艾希曼被调遣到维也纳负责那里的犹太人移民事务时,梅耶发现他的性格发生了剧变:"我立刻告诉我的朋友我不知道眼前的这个人是否就是我曾经认识的艾希曼,他的改变太惊人了……我在此遇见的,是一个掌控着生杀大权的人。他傲慢而粗鲁地接待了我们。他不让我们靠近他的办公桌,我们只好一直站着。"① 相对地,而当艾希曼的努力得不到回报时,他便会显得垂头丧气:艾希曼希望能被提拔为旗队领袖(Standartenführer,相当于陆军上校军衔),却一直未能如愿,因为他在1939年10月接任了犹太移民局中央办公室负责人的职位,然而此时二战已经正式爆发,犹太人离开欧洲的可能性已微乎其微,这也意味着犹太移民局将会无所事事,因此这个部门成了名副其实的"摆设"。艾希曼也因此感到心灰意冷:"这对于犹太人和我们来说都是一件很沮丧的事。就犹太人而言,这意味着获得移民的机会将变得非常渺茫;就我们而言,这意味着人们不再来来回回繁忙地奔走。我们就

---

① Hannah Arendt, *Eichmann in Jerusalem: a report on the banality of evil*, New York: The Viking Press, 1965, p. 67.

这么懒洋洋地坐在这栋宏伟壮观却空无一物的房子里。"①

艾希曼个人的鼠目寸光是这种"平庸的恶"得以发生的先决条件，但另一方面，"平庸的恶"之所以出现也有着深刻的社会心理基础：现代社会所带来的不安定感促使人们寻求一种庇护性力量，对这种力量的追寻使得艾希曼之流倒向了极权主义运动。换而言之，是大众执意要追求一个父亲的形象，而希特勒将自己假扮成了父亲，这一行为正巧满足了人们的愿望。在一次大型的纳粹游行中，希特勒将自己的肖像与弗里德里希大帝和兴登堡等人的画像并置，显然意图炫耀自己的显赫地位。尽管他们都是风云一时的人物，但在这三者之间也存在着明显差异：希特勒不似"君权神授"的弗雷德里希大帝，在军队和魏玛政府中的地位也与兴登堡相去甚远。不难发现，希特勒的权力完全源自于其无与伦比的个人威望和高超过人的交际手腕，他是一个典型的卡里斯马式领袖：他并不具有高贵的出身，在发迹之时也没有强大的军队或巨额的财富作为后盾。但多数德国民众仍然顺从于他，原因就在于希特勒复活了人们对传统权威的古老记忆，他将自己塑造成一个德意志的救世主形象、一个光辉的父亲形象，这一点恰恰顺应了当时许多人的心理需要。在一个完全原子化的流动社会中，人际之间保持着孤立的关系，人们赖以判断身份高低的标准——阶级、财富、名望等，似乎都可能在顷刻间发生改变。而在经济危机和战争年代，这种不安定感显得尤为强烈。而作为一种大型社会运动的极权主义将这些原子

---

① Hannah Arendt, *Eichmann in Jerusalem: a report on the banality of evil*, New York: The Viking Press, 1965, p. 64.

化的个人暂时地聚集在了一起,并以所谓的"忠诚"为名义形成了极权主义的人际关系模式。正是在极权主义运动中,人类不安定感消失了,对元首、对组织的忠诚使人们感到自己有了确定的归属,加入纳粹党也能使自己在社会中获得稳定的地位。总之,"忠诚使他们感觉到,只有当他属于一个运动时,他在政党中是一个成员,他在世界上才能有一个位置"①。

在纳粹的极盛时期,希特勒俨然被人当做一尊金牛犊加以崇拜。为了认同这个复活了的父亲,为了重新获得安定感,许多人选择了逃避自由并向元首效忠。但这种忠诚关系是否有助于社会的健康发展呢?答案显然是否定的。诚如本杰明·富兰克林所言:"任何一个社会,如果宁愿放弃一些自由以获得一些安全,就既不会拥有自由,也不会获得安全。"希特勒凌驾于所有人之上,肆意地将暴虐的脏水泼向人群。这个复活的父亲有如一个从阴间返回人间的幽魂,他的心中只有复仇的渴望;这个复活的父亲根本不爱他的儿子,他只想向杀死了他的儿子们报仇。

而人们为了获得安全感而放弃了得之不易的自由,任由纳粹的摆布,这近似于一种受虐行为。耶路撒冷审判中,艾希曼反复重申第三帝国时期的一句口号:"元首的话就是法律",他始终对希特勒保持"忠诚",从来没有对元首的意志和屠杀犹太人的命令产生过任何质疑,因此他也更难以意识到这一点,即元首的意志究其本质乃是反人类的。艾希曼主动放弃了自主思考的权力,对于他来说,

---

① [美]阿伦特著:《极权主义的起源》,林骧华译,北京:生活·读书·新知三联书店,2008年,第421页。

自由已经变得没有必要。希特勒的话语已经深深地刻在了艾希曼的脑海里，代替了良知成为了指引艾希曼行为的内在之声；换而言之，元首的意志已经内化成了艾希曼新的"良心"。

艾希曼的悲剧人生只是当时德国社会的一个缩影，许多人都像艾希曼一样主动放弃了自由，他们心甘情愿地让纳粹操纵着他们的生活，只为换取一份稳定感。但当人们过分接近于所欲求的对象时，对于金牛犊的崇拜之情有时就反而会转变成一种厌恶感：当希特勒炮制的幻象因为真相的逼近而破灭时，人们便会意识到极权主义逻辑的荒谬之处，反抗的意识便会开始渐渐萌芽。

三、 反抗者的赞歌

并非所有的人都被希特勒编织的幻象之网所束缚，仍有成千上万的人在与希特勒的邪恶帝国做着殊死搏斗。犹太人由于受到纳粹的迫害最深，因此他们最先识破了希特勒的阴谋，而他们对于自由的渴望也最迫切。在奥斯维辛集中营里，犹太人多次举行大规模的暴动，许多散落在欧洲各地的犹太人也加入了抗击纳粹的游击战中，更多流亡在海外的犹太人更是纷纷通过捐款和上书国会等方式支持着欧洲的反法西斯运动。但是，犹太人的反抗并没有获得太多成效，集中营的暴动最终被血腥镇压，有组织的抵抗运动数量稀少，许多国家对于犹太人的苦苦哀求也视而不见。恐惧和绝望仍如密不透风的浓雾般笼罩着整个欧洲大陆。然而渴求自由的希望之光依然努力地试图刺破这层层云雾，它仍然存在于每一个犹太人，尤其孩子们的心底。

特莱津（Terezin）位于捷克首都布拉格西北，二战时期，纳粹分子曾宣布将在此处建立一个所谓的"犹太人自我管理"的城镇，但这无疑是谎言：特莱津后来成为纳粹分子为了控制犹太人而设立的"模范集中营"，大批犹太人在纳粹的强制命令下被迫迁入特莱津，这其中包括了一万五千名犹太青少年。他们并被剥夺了所有财产，生存条件也极为恶劣。

同这些孩子们一起被关押在特莱津的，还有许多犹太艺术家。这些艺术家们努力地与管理特莱津的纳粹官员争取改善孩子们生活条件的机会，希望能够教孩子们画画、写诗和唱歌——即使在条件如此苛刻的情况下，人们依然希望能够将犹太文化的种子传播给下一代，这种精神着实令人感动。而纳粹为了能够给国际社会留下良好印象，也极不情愿地同意了他们的请求。因此在集中营里，艺术活动成为了孩子们生活中唯一的学习和消遣机会。然而这脆弱的美好也很快被打破了：1944年随着纳粹政权的渐渐崩溃，特莱津的犹太人开始面临大遣送，而遣送的目的地是一个更为恐怖的存在，那就是奥斯维辛。

绝大部分特莱津的犹太人最终都死于非命，而那一万五千多名孩童也只有一百多名奇迹般地幸存了下来。提起往事，已经垂垂老矣的特莱津幸存者们仍然感激当年教会他们绘画和诗歌的艺术家们，而当年这些孩子们所创作的绘画和诗歌作品，今天仍然保存在特莱津的二战历史博物馆中。

孩子们的绘画作品大多是写实主义风格的，绘画的内容有集中营的日常景象，也有对往日家乡的回忆，更有对未来生活的憧憬。

尽管他们的绘画语言并不丰富，笔触也十分幼稚，但观者却始终能够在他们的作品里发现顽强的生命力和对光明未来的希望。

在众多的作品中，有两幅作品很具有代表意义。多丽丝·维塞洛娃创作了一幅名为《逾越节聚会》（见图1）的绘画作品①，画中描绘的主题是犹太民族的传统节日——逾越节。在逾越节这一天，犹太人为了纪念先知摩西将他们带离被埃及人奴役的苦海，常常举行家庭聚会。这个节日对于犹太民族来说不仅仅是家庭团聚的日子，在聚会中长辈往往还会向孩子们重述犹太人被奴役的历史，以告诫下一代自由来之不易。正是通过这个代代相传的历史故事，犹太民族的精神火种才得以存续。显然，小多丽丝在这幅画中想要诉说的，并不仅仅是对其乐融融的家庭聚会的追忆，还更表达了她

图1　多丽丝·维塞洛娃《逾越节聚会》

---

① 本图选自林达著：《像自由一样美丽：犹太人集中营遗存的儿童画作》，北京：生活·读书·新知三联书店，2007年，第135页。

对自由和解放的永恒追求。这种信念自幼便在犹太儿童的心里深深地扎根,即使存活的希望如此渺茫,孩子们对自由的向往也从未停止过。

另一幅作品《黑屋子里的星光》(见图 2) 出自索尼娅·斯波特佐娃之手。① 这幅作品描绘的场景很简单:夜晚的星光透过一扇窗户照进了漆黑的房间,整个场景显得极其安静,又流露出些许寂寞。密不透风的黑暗纵然使人感到焦虑,但洒向凡间的熠熠星辉又将平静和安宁重新装满房间。尽管这幅作品的画面十分简单,但联想到特莱津犹太人的悲惨境遇,这幅画依旧能给观者留下极强的精神震撼。在小索尼娅的心中,对自由的渴求就如星光一般,在无边的黑暗中慰藉、指引着她,以及更多犹太人的心灵。

图 2 索尼娅·斯波特佐娃《黑屋子里的星光》

---

① 本图选自林达著:《像自由一样美丽:犹太人集中营遗存的儿童画作》,北京:生活·读书·新知三联书店,2007 年,第 147 页。

特莱津的孩子们生活在恐惧中,然而他们直到被遣送至奥斯维辛以前,仍然没有放下手中的画笔,这正是人们在绝望境地中仍不放弃生之希望的明证。而在集中营外,散落欧洲各地躲避纳粹追捕的犹太人也时刻生活在极端的恐惧下,但他们也从未放弃坚持生活下去的勇气。在战后公开的诸多文献资料中,一份犹太少女的战时日记令许多读者潸然泪下。为了躲避纳粹的追捕,这位名叫安妮·弗兰克的少女自1942年7月至1944年8月便同家人和朋友总共8人一起躲在阿姆斯特丹一栋大楼的密室里。在这25个月的时间里,安妮将所有的战时见闻和所思所感都倾注在这些日记中。少女的天真无邪和纳粹的残酷无情产生了鲜明的对比,让读者不禁为安妮的命运扼腕。

对于一个刚刚步入青春期的懵懂少女来说,种族迫害和战争这些生命不能承受之重过早地呈现在安妮面前,本应自由享受快乐的她却被迫过着暗无天日的生活:

> 在我的心目中,我们八个人好像是一块蓝天,四面八方被逐渐逼迁的乌云包围着。……我们被大片乌云阻绝了,不能上,也不能下。大片乌云像一堵穿不透的墙一般挡在我们面前,想压碎我们,只是还压不过来。我只能哭喊着哀求:"哦,圈子,圈子,打开来让我们出去吧!"①

---

① [德]弗兰克著:《安妮日记》,彭淮栋译,上海:上海译文出版社,2011年,第136—137页。

但即使身陷绝境,安妮依然对未来充满了希望。她虽然无法参加反抗纳粹的战争,但她仍然以自己的方式与极权主义的幻象进行抗争。在狭窄的密室里,安妮将自己仅有的一点自由挥洒于纸上,在字里行间,读者能够体会到她继续生存下去的强烈渴求:

> 我们必须将我们的感觉摆在一边;我们必须勇敢并且坚强,吃苦受难,不能埋怨,尽力而为,信任上帝。有一天,这可怕的战争将会结束。那时候,我们将是人,而不只是犹太人!①

安妮的命运是悲惨的:由于被人告发,弗兰克一家于1944年8月被盖世太保拘捕并送入了集中营,安妮在1945年4月因病死于集中营内,而此时距离纳粹最终投降仅有不到1个月的时间。然而,尽管安妮一直被束缚在一个有限的空间中,但她的生命却并未因此而受到局限。她的日记在战后被广泛传阅,许多批评家都盛赞这是一部具有高度人道主义精神的作品,她的日记也因此成为了欧美现当代文学的经典。安妮在日记中记录了许多日常琐事——母女间的争执、大人们的辩论、和彼得之间的爱情……这些事情看似无关宏旨,但正是这种琐碎的真挚使读者感动。安妮想要反叛成年人的价值观,想要走一条与母亲不同的人生道路;她想要当一个作家,想要向世人诉说犹太人的悲惨境遇;她想要和彼得一起走出密室,想要和他谈一场无忧无虑的恋爱……在有限的空间里,安妮的

---

① [德]弗兰克著:《安妮日记》,彭淮栋译,上海:上海译文出版社,2011年,第244页。

梦想和希望却是无限的。在安妮的心灵深处,她仍然秉持着自我的本性,试图突破重重阻碍。对她来说,尽管未来隐藏在不可知的重重迷雾背后,未知的事物固然令她害怕,但也正是因为未来具有不可知性,人类也才有了改善世界的可能,生活也才有了再次变得美好的机会,重获解放和自由的希望也就依然存在:

  我们仍然热爱生命,我们还没有忘记自然的声音,我们还在不停地希望,希望……一切。①

  特莱津的儿童和安妮·弗兰克以自己的方式对抗着纳粹的极权暴政,但由于残酷的现实极大地限制了犹太人的行动力,他们像是被折断了翅膀的鸟儿一般,无法以积极有效的方式进行抗争,这也是这些犹太人的悲哀:由于没有政治行动力,他们也就失去了改善世界现状的可能性。但在犹太人群体之外,还有许多有良知的非犹太人在为抗争纳粹极权而奔走呼号。

  随着二战的深入,纳粹在多个战场都不断遭遇失败,德国国内对纳粹政权不满的声音也越来越多,反对纳粹的地下活动也越来越频繁,但还没人敢于站出来正面批评希特勒。直到1943年2月的某一天清晨,慕尼黑的部分居民收到了一份匿名信,这封匿名信号召人民有良知的德国人起而反抗极权暴政:

---

  ① [德]弗兰克著:《安妮日记》,彭淮栋译,上海:上海译文出版社,2011年,第288页。

……清算的日子到了,这是德国青年对我们的人民曾经忍受过的最令人憎恶的暴政的清算……

我们以全德国人民的名义要求阿道夫·希特勒的国家归还每个人所应享有的自由,它是德国人最珍贵的财富,希特勒用最卑鄙的手段把它从我们这里骗走了……①

信中的语言充满了激情,许多慕尼黑居民都被深深地打动了。但在当时,如此的壮举也近乎于自杀。2月18日,盖世太保就在慕尼黑大学里抓获了这几个散发传单的大学生,并以叛国罪的名义将他们送上了人民法庭。这几个被捕的大学生隶属于著名的反纳粹地下组织——德国白玫瑰,而他们中就有后人所熟知的绍尔兄妹——汉斯和索菲·绍尔(Hans & Sophie Scholl)。

对绍尔兄妹的审判很快就秘密举行了。人民法庭的庭长罗兰特·弗莱斯堡亲自从柏林飞到了慕尼黑,可见纳粹对于这次审判也极为重视。法庭上,弗莱斯堡历数了白玫瑰成员的罪状,并斥责他们为叛国贼和破坏者,所有人都默不作声地看着这一切。然而压力和辱骂并没有摧毁绍尔兄妹的意志,21岁的索菲·绍尔显得尤为坚强:她浑身上下散发出一种激烈的对抗情绪,尽管这一点在她镇定自若的表情中难以察觉;在法庭上,她不卑不亢地回答着弗莱斯堡的所有诘难,让弗莱斯堡也无言以对;当法官问及为什么他们要做出叛国行为时,索菲回答道:"总得有人开这个头。我们说出来

---

① [德]汉萨尔著:《刺刀下的白玫瑰》,于智元译、王志佑校,长春:吉林人民出版社,1985年,第1—2页。

和写出来的,也正是许许多多人想的,只是他们还不敢把它说出来罢了。"她的回答十分简洁,但却异常震撼人心。

更令弗莱斯堡惊讶的是,绍尔兄妹曾经是希特勒青年团和女青年联盟的骨干成员,哥哥汉斯甚至还曾作为青年团的列队旗手参加过纽伦堡的纳粹党代会。绍尔兄妹成长于国家社会主义崛起和掌权的时期,自小也接受了纳粹意识形态的灌输,并在各自所属的纳粹青年团体中享有较高的地位。周围的人都万万没有想到,正是这两个曾经宣誓要效忠于元首的兄妹,后来竟然幡然醒悟,成为了德国白玫瑰地下反抗组织的核心。不过产生这种转变的原因并不难理解:当纳粹政府的行动频繁遭遇失败时,当极权主义的幻象逐渐出现裂纹时,有正义感的人自然会对纳粹所倡导的价值观产生怀疑。当绍尔兄妹接触到那些可怜的犹太人时,他们渐渐意识到世界的真相并非像纳粹所灌输给他们的那样。德国的节节败退彻底浇灭了绍尔兄妹对纳粹极权所曾经抱有的热情,而现实中犹太人的悲惨遭遇也让他们了解了纳粹的邪恶本性。

绍尔兄妹的背叛必定使所有的纳粹党人感到坐立不安:

"白玫瑰"事件给纳粹党统治体系以沉重打击。这是因为,它使公众第一次了解到,存在着对阿道夫·希特勒的有组织的反抗。一些青年人公然要冲破受到严密控制的一体化的国民大家庭。他们又偏偏来自这个政权从前认为是最可靠的那部分人。纳粹政权反复吹嘘,青年是他们的坚强后盾。特别是大学,这里可以说是培养忠诚的国家社会主义分子的摇篮。这是恰恰在慕尼黑大学,在"运动的首府",出现了第一条深深的裂缝。人们不禁要问,这个政权真的建立在花岗岩上吗?在它的基础上会不会还有其他类似的裂缝呢?①

人们的怀疑是正确的,就在一年后,德国就发生了被称为"瓦尔基里行动"的暗杀事件,事件的主角是纳粹军官施陶芬贝格。他目睹了德国在战场上的惨败,自己也在战斗中受伤,右眼完全失明,然而希特勒却对国内宣称战争一直在不断胜利推进。了解事情真相的施陶芬贝格感到被元首深深地欺骗了,战争的残酷性使他彻底丧失了对希特勒的信心:他曾经四次试图暗杀希特勒,但都没有成功。1944年7月20日,施陶芬贝格与同伴们实施了"瓦尔基里行动",试图炸死在场的希特勒、希姆莱(Heinrich Himmler)和戈林,但希特勒等人又一次奇迹般地躲过一劫,而施陶芬贝格及其同伴则于事后被捕。

经过这一次"劫难"后的希特勒一方面感到幸运女神又一次眷顾了他。在刺杀事件当天,希特勒在给墨索里尼的电报中称自己经历了生命中最大的幸运,这次事件对于沉迷于占星术和黑魔法的希特勒来说,似乎又一次"证明"了他才是受到神秘力量庇佑的天选者;但同时,刺杀行动也让希特勒和希姆莱充满了恐惧,这种恐惧转化成了对施陶芬贝格的仇恨:他们肆意地折磨施陶芬贝格,并将他的骨灰撒进了臭水沟中,施陶芬贝格的家人也遭受了株连,受到

---

① [德] 汉萨尔著:《刺刀下的白玫瑰》,于智元译、王志佑校,长春:吉林人民出版社,1985年,第11页。

了纳粹的疯狂报复。

绍尔兄妹和施陶芬贝格最终都惨死于纳粹的屠刀之下，但他们为了正义、自由而献身的英雄举动却感召了许多人。在充满了血与泪、失败和迷惘的现状面前，德国人终于认清了纳粹的邪恶本质，因此纷纷加入反对纳粹的行列中，而失去民众基础也就预示了极权主义的最终失败。

特莱津的孩子们、安妮·弗兰克、绍尔兄妹、施陶芬贝格……反抗纳粹暴政的英雄名单还可以无限地写下去。所有这些英雄都以不同的方式反抗着纳粹的极权幻象：有的人由于被现实条件束缚而无法组织行之有效的反抗，尽管缺乏政治行动力，但他们心中永远充满了对希望和光明的期盼；有的人则以实际有效的行动对纳粹的黑暗堡垒发起冲击，尽管在巨大的纳粹机器面前，他们的努力看似只是徒劳。

然而他们也具有共同之处：首先，他们冲破了极权主义制造的幻象，努力地摆脱了纳粹的思想控制，因此始终保持着独立的心灵和人格；另外他们所共同具有的特点，那就是一颗永不屈服的心——特莱津的孩子们以绘画的方式，安妮以写日记的方式，绍尔兄妹和施陶芬贝格以抵抗运动的方式向世人宣称他们决不妥协，并号召人们一起反抗。而在这无人可比的勇气背后，是一颗相信希望和未来的火热的心。"绝望"一词似乎从不存在于他们的字典中，他们相信，只要有未来，世界的现状就有得到改善的希望。

本 章 小 结

本章主要对20世纪初的纳粹极权社会进行了分析,其出发点是德国纳粹极权主义运动的各个现象层面,并重点分析了隐藏在各种群众运动现象背后的社会心理特征。

尽管纳粹的极权主义运动从一开始就错得离谱,但这场起始于欧洲心脏的政治风暴也是对未来社会的一次悲剧性的探索。应当看到,纳粹极权主义运动是一次极端浪漫的现代群众运动,人们背叛了自由(这曾经启蒙时代的欧洲人最渴望得到的东西),任由希特勒摆布和踩躏;他们不仅不反抗希特勒,反而视之为德意志的"救世主"。人们将身心全部投入到极权运动中,将自己奉献给一个卡里斯马式领袖,以此换回曾经拥有的稳定感。这些反常的社会运动只是人们为了克服现代社会的不安定感而做出的一次尝试,它也是德国人在遭遇了现代信仰危机后于绝望中做出的一次挣扎。不消多说,这次尝试的代价是极为昂贵的,参战的双方都在人口和资源上蒙受了巨大损失,更可怕的是这场战争遗留给人们的心理阴影和精神创伤。

但是,从这一系列荒诞的"招魂"行为中,我们这些后人又看到了什么?纳粹的极权主义是对西方自由主义思想的一次大倒转,是对当时资产阶级价值观的完全倒置。曾经被视为无上至宝的民主、自由和平等,此时都被极权主义运动踩在了脚下。作为东方的旁观者,我们糊涂了:在这一极端的年代里,到底什么才是西方现代世界的主导价值观？这难道不正是西方现代社会自身的一次精神分裂的表现吗。一面是追求民主、自由和平等，如同一个被理性的光辉笼罩着的圣人；一面却是叫嚣着要消灭民主社会、驱赶所有低劣种族，像是一个虐待狂般的疯子。

极权主义（Totalitarianism）在20世纪20年代起初是为了克服自由主义的消极作用而产生的一种政治思潮，它又译作整体主义，其字面上的意思就是要通过整体的社会控制，妄图彻底消灭自由主义社会的弊端。这样一种极权—恐怖主义，不正是现代性危机在上世纪最突出的代表之一吗？极权主义实际上作为一种极端的、恐怖的浪漫主义的体现，其出现本身就暴露了古典自由主义的弊端。换而言之，极权主义绝不是凭空出现的，而是深植于古典自由主义伦理的悖论当中。

古典自由主义的伦理始终以人的个体为本，并且视每个个体为平等的，在此基础上，每个人都有追逐自己原乐（jouissance）的权力。但在这种平等之下隐藏着一种侵凌性，那就是潜在地将其他人当做自己的竞争对手——只不过由于法律的限制，这种侵凌性被视为是一种罪恶，因而被极大地抑制了。但这种侵凌性终究还是潜藏在人的潜意识，法律越是对它进行限制，它就变得越加执着。而当法律在突如其来的意外中遭到破坏时，这种隐藏于潜意识中的侵凌性就会浮上表面，人们便开始追求一种倒错的快感，一种古典自由主义伦理所谓的"恶"。这就是极权主义作为古典自由主义的伦理悖论的诞生过程。在这场对古典自由主义彻底而疯狂的颠覆中，极权主义成了西方现代社会寻求倒错快感的工具。用齐泽克

(Slavoj Zizek)的话来说，极权主义不就是古典自由主义伦理的"淫荡的超我补充"(obscene superego supplement)吗？

然而太过于接近这种倒错的欲望也会产生反作用。这种倒错的欲望以极权主义的方式和希特勒的形象出现，却使得整个欧洲大陆生灵涂炭。这种对于原乐的痴迷——说白了，也是对于"恶"的痴迷——使德国走向了万劫不复的深渊。幸而，仍有许多人穿越了欲望的幻象，他们终于意识到了生存那无根的被抛状态，他们不再期望在这个现实的荒漠中寻找什么父亲了。这的确是一个很残酷的事实，欧洲人用无数生命的代价才最终换来了这一事实。然而也只有认识到这一现实，主体精神分裂的症状才能得到最终的消除。

但是在今天的大众文化中，这个事实几乎就快要被人遗忘了。我们在大众文化令人目眩的现象背后，发现了当今社会的另一种崇拜物，而这些崇拜物都受到资本主义社会父法的支配。

第三章
不灭的父法：战后西方世界的大众文化

第一节 隐而不现的权威

一、资本：一种古老的抽象权威

随着反法西斯战争的最终胜利,极权主义的阴影在欧洲大陆渐渐消散,战争中人们犯下的罪行也大体上得到了清算——虽然由于德国保守势力的顽抗和美苏之间地缘政治的顾虑,这种清算很不彻底。另一方面,就西方世界而言,自由和民主虽然重返了人间,但现代社会给个人造成的无法消解的孤独、不安和无力,还是让人难以承受。在反法西斯战争胜利带来的兴奋感渐渐散去后,人们似乎再一次回到了一战后那种迷茫的心理状态中。当人们(无论是战败国的还是战胜国的人民)静静回想起这半个世纪以来的疯狂举动时,似乎一切都变得陌生和荒诞起来:

> 一个能用歪理来解释的世界,还是一个熟悉的世界,但是在一个突然被剥夺了幻觉和光明宇宙中,人就感到自己是个局外人。这种放逐无药可救,因为人被剥夺了对故乡的回忆和对乐土的希望。这种人和生活的分离、演员和布景的分离,正是荒诞感。①

---

① [法]加缪著:《西绪福斯神话》,郭宏安译,北京:新星出版社,2012年,第9页。

经过了二战的洗礼，人们对于希特勒这样的卡里斯马式领袖已经产生了高度警觉，尽管这种领袖仍然时不时地出现在人们的视野中，但他作为历史的产物，已经不再具有呼风唤雨的力量了。不过，这是否意味着在人类社会中所有的权威都消失了呢？法兰克福学派的心理学家弗洛姆给出的答案是否定的：

> 但是，我们发现，权威并未消失，而是使自己隐而不现。"匿名"权威取代了公开权威，实行统治。它装扮成常识、科学、心理健康、道德与舆论。它不言自明，根本用不着发号施令，它仅仅靠温和的劝说，根本不用施加任何压力。①

弗洛姆在此列举了几种匿名权威，而这些都是如今左右人类生活的决定性力量：从表面上看，常识和科学"规定"了事物运行的模式，道德和舆论制定了人类行为的准则。对于匿名权威的合法性，绝大多数人根本没有表示过怀疑，并且顺从地接受了它的支配。尤其应当指出，在现代社会中还有一个根本性的权威力量，它就是被人视为万能之物的经济资本/金钱。

自人类文明起源以来，有关经济资本的争论之声就不绝于耳，近百年来更是达到了高峰：卢梭宣扬和追求绝对的平等，正如他在《论人与人之间不平等的起因和基础》中那段充满浪漫色彩的著名

---

① ［美］弗罗姆著：《逃避自由》，刘林海译，北京：国际文化出版公司，2007年，第114页。

宣言所述："'谁第一个把一块土地圈起来，硬说'这块土地是我的'并找到一些头脑十分简单的人相信他所说的话，这个人就是文明社会的真正的缔造者。但是，如果有人拔掉他插的界桩或填平他挖的界沟，并大声告诉大家：'不要听信这个骗子的话；如果你们忘记了地上的出产是大家的，土地不属于任何个人，你们就完了。'——如果有人这么做了，它将使人类少干多少罪恶之事，少发生多少战争和杀戮人的行为，少受多少苦难和恐怖之事的折磨啊！"[①] 而马克思则继承了17—18世纪以卢梭为源头的浪漫主义思潮，进一步将批评的矛头直指财产私有制，他的《资本论》便是针对于"金钱至上"原则所提出的最严厉的批评。

不过，另一些学者的观点远没有这么激进：自由主义经济学者就为人类的利己原则提出了辩护，认为人类追求私利乃是正当合理的行为。也有一些学者试图调和这一矛盾，典型的例子就是西美尔。西美尔对于金钱的批判程度远没有马克思来得猛烈，这种温和的中立态度遭到了一些人的批评，他们认为西美尔的分析缺乏马克思那样厚重的历史感，笔锋过于柔和，其文字更像是小资文人无可奈何的低语。但应当指出，他对金钱给现代人类社会造成的负面效应也并非毫无警觉：正是在他不偏不倚而又充满智性的文字中，"金钱万能"这一条资本主义社会基本原则的弊病才能展露无遗。而相比之下，一些人由于其情感因素过于强烈，以至于在对于金钱过分激进地批判的同时，失去了理论分析应有的客观中立态度。

[①] [法]卢梭著：《卢梭全集（第4卷）》，李平沤译，北京：商务印书馆，2012年，第269页。

与马克思从政治经济学角度对资本主义进行批判有所不同，西美尔对于货币（请注意他在使用"货币"一词时与一般经济学中使用这个词的区别）的分析是从文化方面入手的。就西美尔而言，他更关心的问题是货币如何对人类行为方式和现代生活风格产生影响。西美尔认为，现代社会中货币之所以是万能的，是因为它充当了所有物品和行为价值的一般等价物。在货币出现以前，在人类的交易方式仍处于初级的物—物交换阶段时，商品的价值是无法精确衡量的，因而实际上交易双方常常进行的并非是严格意义上的等价交换；而一般等价物（货币）这一价值中介的出现，使得交易变得更加公平，商业活动也就更加趋向于理想中的等价交换。货币的出现给人类社会造成了深远影响。而对于这种影响，西美尔认为应当辩证地看待。首先，他认为不应否定货币在历史上的积极作用，即货币的出现是人类行为日益自由的象征之一：

> 一方面，人们认为将一件拥有物转换成货币是一种解放。借助于货币我们可以以任何一种喜欢的形式享受食物的价值，而以前，价值只能固定在一种形式上；钱在口袋里，我们是自由的，而以前，事物使我们受它储放和使用条件的制约。[1]

由于货币是中立的媒介，是一种完全客观的存在，人们于是认为，通过货币能够将所有物品和行为的价值进行精确的比较。因

---

[1] ［德］西美尔著：《金钱、性别、现代生活风格》，刘小枫选编，顾仁明译，上海：华东师范大学出版社，2010年，第7—8页。

此，货币虽然造成了人类活动的"非人格性"，却也提高了"人格的独立和自主"。就此而言，货币的出现诚有其进步意义。

但紧接着，西美尔就对这种自由提出了质疑：

> 然而正是这种自由，有多少次同样也意味着生活的空洞和缺乏实质的生活意义！……由于越来越多的东西可以用金钱来支付，可以用金钱来获得，这又是一系列变动现象的稳定因素，所以人们甚至常常忽视：**经济活动的对象还有不能用金钱来体现的方面**。人们甚至太轻易就相信，能够在货币价值的形式中找到这些对象确定的、完整的等价物。这正是我们这个时代令人疑虑的特征、不安与不满的深刻根源。①

正如西美尔所言，"经济活动的对象还有不能用金钱来体现的方面"。在西太平洋上，特罗布里恩人与周边民族长期进行着库拉（kula）交易，然而库拉交易与现代社会的商品交易截然不同：现代商品经济假定了每个人都是自利人，因而每一个人都会在交易中寻求经济利益的最大化；但在库拉交易中，经济利益根本不受重视。库拉交易的双方在交易"伐乙古阿"（vaygu'a，意即宝物）时，实际上是在进行一场半商业、半礼仪性质的交换仪式。"伐乙古阿"尽管也被视为珍贵的财宝，但绝大多数情况下不会被私藏起来，也不会被长期占有，它的主要目的就是在库拉圈中不停地进行库拉交易，以增强各个

---

① ［德］西美尔著：《金钱、性别、现代生活风格》，刘小枫选编，顾仁明译，上海：华东师范大学出版社，2010年，第8页。

部族之间的联系:"库拉是一种大型的族际关系,这种关系是用明确的社会约束力量将一个广大的地区、大量的人群联合而构成的,是用明确的互惠义务将这些人结合起来,这种关系使得人们按照一致的习惯来遵守非常细微的规矩和利益……"①

在现代社会中也存在着这种礼仪性质的交易,例如亲友在节日里互赠礼物,礼物的经济价值并不重要,重要的是送礼者投入到礼物中的情感价值。但事实上,许多人正是忽略了这一点,因而现代社会在他们看来的确是沉闷而无聊的:所有的非经济理性已被打扫干净,所有的人类情感因素也已无处藏身,因为金钱已经被确立为了"唯一有效的价值"。它不仅是唯一有效的价值,而且还是沟通一切物品和行为价值的表现形式和等价物。这虽不全然是一件坏事,因为通过金钱,人们才有了物质交换的共同基础,但另一方面,金钱也被一些人庸俗地视为一切事物的准则,被看作是高居于一切人类活动的恒久不变的中心。因此对这些人而言,拥有了金钱似乎也就等同于获得了人们长久渴望的安全感:

> 这种可靠性和安定(只有拥有了金钱才会有这样的感觉),这种相信价值交汇在金钱身上的信念,在纯粹心理学方面,也可以说是在形式上,包含着与上帝观念类似的地方,它更深刻地证明了金钱是我们这个时代的上帝这种抱怨。②

---

① [英]马林诺夫斯基著:《西太平洋上的航海者》,张云江译,北京:九州出版社,2007年,第1183页。
② [德]西美尔著:《金钱、性别、现代生活风格》,刘小枫选编,顾仁明译,上海:华东师范大学出版社,2010年,第13—14页。

然而为了得到这样的安全感，人们也必须付出高昂的代价。由于现代社会视人类的情感因素为"非理性"因而将之抛弃，这致使人们产生了一种麻木的状态："对他们来说，'什么东西有价值'的问题越来越被'值多少钱'的问题所取代。"人们将万事万物都通过货币进行量化和比较，对事物之间其他的细微差别也不加以体味和甄别，这是造成现代社会单调乏味的根源，因为这一行为必然会从根本上忽视人类的精神本质：我们无法对情感和精神进行准确无误的衡量，它们有时甚至是根本无法测量的。

也许有的人会争辩道，世界的本来面目不就是贫瘠的吗？因此人类的情感在荒芜的现实面前，难道不是多余的吗？应当承认的是，这些观点的出发点并非毫无道理，但最后的结论却是全然错误的：世界的原貌就是一片荒芜，这个观点尼采已经不厌其烦地重复了千万遍。但切不可忘记，人之所以为人，正是因为人类具有丰富的情感和文化。近年来，严谨的自然科学也证明了人类文化和情感存在的必要性：洪荒之初，自然与人类社会之间本为一体，但在人类社会千万年的演化过程中，由于作为自然一部分的人体的进化速度远远落后于人类社会演进的速度，自然与社会之间的隔阂因此日渐加深，所以这一部分缺失就必须要由文化来弥补。相比之下，绝大多数其他动物就不需要文化作为保护伞，因为它们身体的进化状况能够适应它们生存环境的变迁。一个典型的例子就是，包括人类在内的许多动物在脱离母体后，其大脑仍然能够进一步发育，这种现象被动物学家称为"幼态持续"（reoteny）。但每种动物的幼态持续机制是有差别的：人类的大脑在出生后仍然能够继续生长长达二十多年,"婴儿出生时的脑容量只及成人脑容量的23%。出生后的6年间,儿童的大脑继续发育,但是人脑的整个发育期大约要到23岁才能完成。"① 而大多数动物的大脑在出生后就几乎停止了生长。人类大脑需要经历漫长的二次发育期,这意味着他能够习得更多的知识和技能,也意味着人类能够发展出更丰富的情感和文化。正是这些知识、技能、情感和文化,弥补了人类身体在进化当中的不足——工具的产生、火的使用、原始巫术和艺术……一切人类造物,即广义的文化,某种意义上说来其实都是人体的延伸,它们在人类社会与残酷的自然面前设立了一条绵延的缓冲带,将柔弱的人类保护了起来。因而,假如人类抛弃了自身的情感和文化因素,我们也就无异于把赤裸的身体直接暴露于北极的寒风中。

　　人们为了获取附着于金钱之上的所谓"安全感",放弃了这条作为自然和社会之间的缓冲带的情感,因而变得冷漠和麻木,这对于人类社会的未来固然是十分危险的。而问题的另一个方面在于,人们原本求取钱财的根本目的在于寻找幸福,但在寻求幸福那百转千回的旅途中,人们渐渐迷失了方向而忘了最初的目标,最后竟然将聚敛钱财误以为是人生的终极使命,这就使人深陷于手段的迷宫中而不得出。人们因而产生了厌世和苦闷的悲观倾向。"金钱只是通向最终价值的桥梁,而人是无法栖居在桥上的。"西美尔的这句话十分精到地点出了当代人的生活困境。再一次地,我们看到了一个由来已久的矛盾:金钱的出现给人带来了些许自由,人们因此对

---

　　① [英] 莫利斯著:《裸猿》,何道宽译,上海:复旦大学出版社,2010年,第32页。

金钱产生了无限的贪欲,希望通过攫取大量的、甚至是无限的金钱来占有更多幸福。但事实上,幸福感并没有紧随着这些自由而来。

金钱作为一种匿名权威,它不见实体,却又操纵着人类生活的方方面面,许多人因此抱怨他们沦为了金钱的奴隶,他们憎恨这种金钱至上的逻辑使生活陷入了贫乏,但另一方面却又不得不心甘情愿地为了金钱而劳碌一生。尽管人们已经意识到了这种逻辑的谬误之处,但错误至今还没有得到彻底的纠正。原因大概是多方面的:或许是由于金钱的诱惑力太大,人们难以抵抗;抑或是这种逻辑的危害性还没有彻底暴露,所以人们至今乃然掉以轻心。但一个更重要的原因大概是,金钱虽然"全知全能",但它还并非这种匿名权威的唯一形态(虽然它可能是对当今人类社会影响最为直接的一种形态)。所以人们对于金钱的批判尽管激烈,却也是不全面的。

二、 资本的现代诸形态

正如弗洛姆所举出了诸多匿名权威的例子那样,除了金钱以外,还有许多匿名权威。皮埃尔·布尔迪厄(Pierre Bourdieu)就认为,所有匿名权威其实都有一个共同的名字,那就是"资本"——请再次注意,布尔迪厄对于"资本"的定义与一般的、经济学意义上的"资本"有所不同。他本人虽然不喜欢给诸如"习性"(habitus)、"场"(field)、"资本"(capital)等他著作中经常出现的术语下"教授式的定义",但他仍然给出了"资本"的一些特征:

>资本是积累的**劳动**(以物化的形式或"具体化的"、"肉身化"的形式),当这种劳动在私人性,即排他的基础上被行动者或行动者小团体占有时,这种劳动就使得他们能够以具体化的或活的劳动的形式占有社会资源。资本是一种铭写在客体或主体结构中的**力量**,它也是一条强调社会世界的内在规律性的**原则**……①

布尔迪厄观察到,资本就其类型而言绝非只有经济资本这一种形式。他就此区分了三种不可化约但又可以在某种程度上相互转化的基本资本类型:资本最为人所熟知的类型是经济资本(也就是马克思所谓的、一般经济学意义上的"资本"),它通常以财产权作为保障,而金钱则是经济资本最经常采用的形式。资本的第二种类型是社会资本,社会资本曾在等级制社会中非常重要,贵族封号、爵位等都是社会资本的表现形式,虽然等级社会已成为过眼云烟,但社会资本的价值至今仍然很重要,它仍以名誉和头衔等方式存在于现代社会中。资本的第三种类型是文化资本,它通常以教育资格(educational credential)的方式出现。布尔迪厄对这三种资本类型作了一番比较,他认为经济资本是所有其他类型资本的根源:

>因此,必须假定经济资本是所有其他资本类型的根源,同时那些改变了的、经过伪装的经济资本的形式,向来不能完全

---

① [法]布尔迪厄著:《文化资本与社会炼金术——布尔迪厄访谈录》,包亚明译,上海:上海人民出版社,1997年,第189页。

简化为经济资本的定义,这些资本产生了属于它们的最特别的效果,但这些资本(对其占有者)掩盖了这个事实,即经济资本是它们的根源,换言之,(只是在最后的分析中)是它们所产生的效果的根源。①

在布尔迪厄对于资本的描述中,我们可以注意到几个关键词:劳动、力量和原则。布尔迪厄首先承认,资本时常以物化的形式出现(主要指经济资本),但是有时也以抽象的形式存在(主要是指文化资本和社会资本),资本的诸多形态对于社会来说都是一种规定性的力量,但通常情况下它们发挥作用的机制却是不可见的。布尔迪厄的这一说法很容易让人联想起福柯有关权力结构的表述。1971年,福柯在与乔姆斯基的一次电视论辩中就尖锐地指出,社会中存在着许多隐藏的政治权力的关系,正是这些关系真正在控制着社会的发展:

> 政治权力也通过某些中介机构来行使,这些机构看上去似乎与政治权力毫无关系,他们似乎是独立的,其实不然。
> 这里所说的是**家庭**,说的是**大学**,概而言之,说的是所有的教育系统,它们看上去仅仅是传播知识,其实它们是维持某一当权的社会阶层的工具,是排斥另一社会阶层的权力工具。**知识机构**、**医疗机构**同样在支持政治权利。在某些情况下,甚

---

① [法]布尔迪厄著:《文化资本与社会炼金术——布尔迪厄访谈录》,包亚明译,上海:上海人民出版社,1997年,第208页。

至**精神分析**也是这样,这一点是清楚的,甚至令人愤慨。①

进而,福柯提出政治的根本任务就是批判和抨击这些看似独立、实际上趋炎附势的机构。在《规训与惩戒:监狱的诞生》中,福柯认为监狱是一个建立知识的场所,犯人是被认识的对象,而看守拥有着关于犯人的一切知识。尽管现代司法体系力求公平公正,力求回避权力的专断性,但在监狱这样一个特殊的权力结构中,由于监狱的管理者拥有一定的自主权,因而看守们拥有了"知识的统治"。福柯认为话语来源于权力结构,这也许有些耸人听闻,但1971年8月,美国社会学家菲利普·津巴多(Philip Zimbardo)在斯坦福大学的地下室里进行了著名的"斯坦福监狱实验",而这场实验似乎在某种程度上证实了福柯的观点。在这场实验中,9名被试扮演"犯人"的角色,而另外9名被试则扮演"狱卒"的角色。"斯坦福监狱实验"之所以至今仍让社会学家们念念不忘,是因为这18名被试在进入实验前,都被鉴定为心智正常、品行良好的人,但在实验仅仅进行到第二天时就显现出了一些不祥的兆头:"狱卒"和"囚犯"之间冲突不断,模拟监狱里渐渐出现了辱骂和虐待"囚犯"的现象,一些扮演囚犯的被试甚至在实验进行不到36小时时便精神崩溃了;而接下来的几天里,"狱卒"的"虐囚"行为变得越加猖獗。迫于各方面的压力,这场原计划进行两周的实验也不得已就此中断了。

---

① [美]乔姆斯基、[法]福柯著:《乔姆斯基、福柯论辩录》,[荷]厄尔德斯编,刘玉红译,桂林:漓江出版社,2012年,第59页。

这场实验最终证明了什么？津巴多总结道，这说明情境的力量远胜于个体的力量。在这场实验中有一个值得注意的细节：当实验刚开始时，多数"囚犯"仍然试图与"狱卒"的不当行为进行抗争，甚至公然以暴动、叛变和绝食等行为挑战"狱卒"的权威；然而到了实验后期，随着监狱的情境力量不断强化，虽然"狱卒"的虐待行为越发疯狂，但"囚犯"反抗的意识却在渐渐消退，他们消极地服从着"狱卒"的指令（这些指令多是惩罚性和侮辱性的），他们的行为举止也变得越发符合"狱卒"们的要求。津巴多进一步澄清道，这些"狱卒"并非生性邪恶，而"囚犯"们也并非天生受虐狂，只是监狱的情境力量导致了被试身上出现了戏剧化的性格变化：

> 通过引导、诱使或传授的方式，就可以让好人为非作歹。当好人沉浸在"整体情境"时，情境力量会挑战个人人格、个性和道德观的稳定性及一致性，从而影响人性的表现，引导人做出诸如非理性、愚蠢、自毁自弃、反社会、不计后果的行为。①

然而我们认为，津巴多的分析虽然合理，却没有一针见血地指出问题的根源。我们可以进一步说，是监狱的权力结构，而不仅仅是监狱的情境力量，导致了模拟监狱中频频出现"虐囚"现象。狱卒以其身份优势占据着监狱权力结构中的特殊地位，这使他能够轻而易举地获得有关囚犯的任何信息。斯坦福的模拟监狱只不过是福

---

① [美]津巴多著：《路西法效应：好人是如何变成恶魔的》，孙佩妏等译，北京：生活·读书·新知三联书店，2010年，第249—250页。

柯描述的全景敞式监狱（panopticon，其灵感来源于边沁）的一个最粗陋的简化版本：在斯坦福监狱实验里，"狱卒"滥用权力的现象严重，他们利用"囚犯"的弱点对其进行折磨，在"狱卒"的野蛮规训和惩罚下，"囚犯"的举止变得顺从（尽管只是消极地），反抗行为日渐消失。对"囚犯"来说，"狱卒"就是这个不公正的监狱司法体系的具体化身，这也是产生恐慌的直接原因。与福柯笔下的监狱相比，这些恐惧都是真实可见的。而在福柯所描述的监狱里，看守所做的只是犯罪临床医学的观察者和记录员，他们的工作不带丝毫个人感情，看似公正。但这种监狱中似乎还潜藏着一种更深层、更隐蔽的恐惧，这种恐惧是由监狱的权力结构产生的，是由于权力的暗中凝视而带来的，这一凝视将所有人都纳入了他的监察范围之内：

> 监狱这个司法机构中最隐晦的区域是这样一种地方，在它那里，惩罚权力不再敢公开显示自己，而是默默地组建一个客观现实领域，在这个领域中惩罚将做为治疗而公开运作，判决将被纳入知识的话语中。因此，司法会很容易地接纳一个并非自己思想产物的监狱，也就不难理解了。①

福柯的毕露锋芒让许多保守的学者大呼小叫起来，丹尼尔·贝尔（Daniel Bell）斥之为"对理性的棒杀和对后现代主义意识形态

---

① ［法］福柯著：《规训与惩戒：监狱的诞生》，刘北成、杨远婴译，北京：生活·读书·新知三联书店，2010年，第286—287页。

的可怕简单化"——显然，福柯的反人文主义倾向激怒了这位美国社会学家，但福柯深刻的洞见力和穿透力却是不容置疑的。另一位法国理论家利奥塔尔虽然没像福柯一样走得那么远，但他也同样发现，立法者合法化与科学（即知识）合法化之间存在着纠缠不清的关系。过去，两者尽管服从于不同的权威，彼此之间也存在着一定的矛盾，却都来自同一个地方（"西方"）；而在后现代社会，随着信息机器（媒介）的迅猛发展，人类社会出现了明显的"知识外在化"现象——知识越来越具有了信息商品的形式，这种新现象不但没有让立法者合法化与科学合法化之间的矛盾淡化，反而使之更加地激烈了，因为它逼迫着人类提出了一系列问题：**"谁决定知识是什么？谁知道应该决定什么？"**[①] 其实，这些问题早就产生了，只是从未言明罢了。而如今，当传统权威不再拥有不容置疑的合法性、当文化和知识经历了大规模的资本化之后，这个曾经躲藏在阴影里的问题被一下子推到了公众视野的聚光灯下，显得愈加醒目。

那么，联系到这篇论文的主题，我们是否可以问这样一个问题，**今天究竟是谁决定了大众文化的内容？我们的大众文化究竟是不是我们大众自己的文化？**我认为，这个问题的答案并不如想象中的那么明朗。有些人认为大众文化就是大众的文化，两者之间没有区别。但也有另外一些人抱着谨慎的态度，认为今天的大众文化中暗藏玄机。作为一个文化研究者，我们理应对大众文化现象抱有怀疑的目光和批判式的态度——这并不是临床式的多疑症，更不是现

---

① ［法］利奥塔尔著：《后现代状态：关于知识的报告》，车槿山译，南京：南京大学出版社，2011年，第31页。

代人常有的"阴谋论"腔调,而是根据社会实际进行的一种理性的、批判式的多疑症,后者是"对政府、军队和大财团等拥有霸权的机制进行理性化的质疑。换言之,它是对所有可能参与阴谋和压制性行为的个人和机制产生的一种理性化的不信任情绪"①。

第二节　西方理论界有关大众文化的争论②

一、众声喧哗

20世纪以来,现代西方理论界一直试图对大众文化(mass culture)的概念进行厘定。然而就像文化一词始终没有唯一确定的定义一样,大众文化也一直未能找到一个能够服众的定义。不过中国俗话说"不打不相识",各派在理论交锋之际,也逐渐形成了一些对于大

---

① [美]凯尔纳著:《媒体奇观——当代美国社会文化透视》,史安斌译,北京:清华大学出版社,2003年,第136页。
② 在本文中,我们将主要考察西方社会中的大众文化现象,因此对于大众文化的定义也基本采纳西方理论界的说法。应当承认,这样的做法的确会与中国当下的社会实际相脱离。但是,大众文化一词在进入中国社会后,其语义(尤其是在日常生活中)已经发生了极大改变。简单地来说,汉语的日常用语中通常将大众文化大致等同于群众文化、民间文化、无产阶级文化或是草根文化,在使用该词时强调这种文化的民间性、自然性、多元性和无产阶级性,因此语义都是正面的、积极的。造成这种改变的原因,或许是因为最初中国学界在大众文化一词使用的限定上并不是很严格,他们没有注意到西方大众文化诞生的工业化背景,

众文化的共识,这些共识就形成了西方学界讨论的最初舞台。

从 19 世纪末到 20 世纪初,英国的大众文化研究走在了西方学界的前列,或许是因为这个国家当时正值"日不落帝国"的鼎盛时期,其地位尽管渐渐受到了来自于欧洲大陆的德国和大洋彼岸美国的挑战,但工业化程度仍是欧美世界最高的。而大众文化得以兴

(接上页注)只顾及了大众文化覆盖面广并且深植人心的特点,因而望文生义。例如鲁迅在这一点上就犯了一个错误,他直接而粗鲁地把大众文化与无产阶级文化的概念强行捆绑在了一起:"无产阶级革命文学和革命的劳苦大众是在受一样的压迫,一样的追杀,作一样的战斗,有一样的命运,是革命的劳苦大众的文学"(《中国无产阶级革命文学和前驱的血》,1931 年),并认为大众文化是阶级斗争的工具(可见于鲁迅对于木刻画的评论文章中,这里不一一列举)。大众文化是一种工业化的产品,这一特点被中国学界无意中忽视了,而这一特性却正是大众文化最重要的特性之一。甚至可以说,这也是西方理论界的部分知识分子(尤其是法兰克福学派)拒斥大众文化的主要原因之一,其原因将在下文中逐步阐释,这里只提一点:掌握大众文化最终生产权的是社会资本的持有者,而非无产者。无产者只能提供生产大众文化的原料,尽管他们可以通过市场机制对大众文化产品的生产过程加以影响,但他们不能控制大众文化产品最终的产出形态。用最通俗的话来说,我们许多人(包括我本人在此以前)最初就没有分清楚"大众文化"和"大众的文化"此二概念的区别。而不理解东西方理论界在这一点上所产生的语义裂隙,便自然会对大众文化持无条件的欢迎和接受态度,也更自然地会对大众文化造成的一些危机征兆视而不见。因此,我恳请各位中国的读者,假如您像我一样,在享受着大众文化带来的快感时,始终对其怀有一丝怀疑精神,那就请您在进一步阅读时尽量保持一种开放的心态,并努力从以往对于大众文化的认识中解脱出来(尽管我知道彻底做到这一点十分困难),并允许我冒昧地指出大众文化隐藏的另一面。

当然,这并不是说中国的文化研究者要唯西方马首是瞻,也不是说中国学界不能发挥自己的能动性,不能通过"扬弃"来发掘大众文化更积极的内在价值。我们当然有理由也有自由对大众文化这样的"舶来词"进行中国式的加工。一个成功的例子就是我们将约瑟夫·奈(Joseph Nye)的"软实力"(soft power)理论进行了适合于当代中国基本国情的加工和改写。但在此之前我们若是不能弄清一个外来词汇在其原初语境中的含义,那么任何试图进行语义改良的行为都会遭遇彻底失败的命运。

起，很大程度上得益于工业化的生产手段和传播方式，英国无疑可以被认为是现代大众文化的发源地（之一）。在这片小小的英伦三岛上，学者们相对较早地对大众文化展开了思考。这是不足为奇的，因为相对于世界的其他地方，英国学者原本的优雅生活方式更早地受到大众文化的冲击。

正如雷蒙·威廉斯（Raymond Williams）所分析的，这一时期英国社会发生了明显的变化，具体说来可以用五个词进行概括："工业"、"民主"、"阶级"、"艺术"和"文化"。在这五者当中，当属文化的变革最引人注目，但又与前面四者的变化紧密联系："可以说，当下聚焦于'文化'一词含义的所有问题，的确都是由'工业'、'民主'、'阶级'等词义变迁所代表的巨大历史变革所引发的，而'艺术'词义的变迁则展示了对这些变革的密切反应。"①而从社会物质发展的角度而言，工业化无疑是所有现代变革的根源。因此西方的文化理论家对于大众文化的共识之一就是：第一，**大众文化是工业时代的文化产物**，因此也就决定了大众文化是不可能出现在一个前工业社会的。换而言之第二，**大众文化的概念不能直接等同于文化的概念**（尽管它们二者在许多方面存在着意义的叠合），它是文化与工业交集后的产物。因此第三，同时**大众文化自身也具有工业化大生产的性质**，而生产大众文化的主要目的就是为了进行商品交易（这里并不排除人们为了获得精神享受的目的而消费大众文化），**大众文化因此又具有一种确定无疑的商业性**。

---

① ［英］威廉斯著：《文化与社会：1780—1950》，高晓玲译，长春：吉林出版集团有限责任公司，2011年，第5页。

大规模的工业化既是催生大众文化的物质条件之一，同时也是大众文化自身的特性之一。这种由机器大规模、大批量生产出来的文化产品最初在吸引人们惊讶目光的同时，自然也遭到了传统文化观念的强烈抵制。当时许多的文化理论家仍然坚持着传统的高雅文化/低俗文化的二分法，直到20世纪中期，他们的思考在很大程度上仍然受到"文化与文明"（culture and civilization）的传统思路影响。早期英国的文化理论家，例如马修·阿诺德（Matthew Arnold）和 F. R. 利维斯，都对大众文化提出过严厉的批评意见。出于一种文化精英主义的态度，这些人认为大众文化是群氓的产物，因此不值一提。利维斯更是大声疾呼要人们小心大众文化对于文明的侵蚀，甚至要求学校加强学生们对于大众文化的抵制训练。

然而老一辈们保守的批评路数很快被态度相对温和的文化主义（culturalism）所淘汰，而新一代的理论家们也有意识地在批评过程中与马克思主义和阶级斗争理论相联系。理查德·霍加特（Richard Hoggart）虽然仍对大众文化抱有负面态度，但他已经能够"在很大程度上将批评的目标指向了商品（大众文化从中被'制造'出来）的生产者，而非那些有可能将商品转化为大众文化的人"①。换句话来说，霍加特开始试图在大众文化的生产者和大众文化受众之间进行区分，而不是像以往那样将两者混为一谈，这种分析套路是一个巨大的进步。值得注意的是，霍加特没有像前人那样全盘否定大众文化的社会作用，并且他相信工人阶级具有伟大的道德力

---

① ［英］斯道雷著：《文化理论与大众文化导论：第五版》，常江译，北京：北京大学出版社，2010年，第51页。

量,能通过自己的方式将文化工业改造成自己的文化。换而言之,霍加特认为工人阶级应当发挥能动性,将大众文化最终改造成真正服务于大众自身的"大众的文化",而不是仅仅成为大众文化生产者倾销文化商品的对象。霍加特甚至还警告工人阶级要小心一种"极权式"的、商业化的大众文化,而这些话在今天看来就像是一种令人心悸的预言:

> 尽管竞争化的商业如今仍受着压抑,无法从经济上诱使大众走向堕落……但它迟早会变成一种崭新的、更为强大的征服形式;这种征服就是文化的征服,它比以往的经济征服更容易被人接受、更难抗拒。①②

而上文提到的雷蒙·威廉斯对大众文化的态度就更加宽容了。虽然仍在总体上对大众文化持批评态度,但他和霍加特一样也注意到了大众文化和工人阶级文化不是一回事,不过他的观点在今天看起来还是有其保守性的:

> 前者包括商业化报纸、杂志和娱乐,具有危害性和虚幻

---

① [英]斯道雷著:《文化理论与大众文化导论:第五版》,常江译,北京:北京大学出版社,2010年,第53页。

② 笔者在这里忍不住要插上一句:约瑟夫·奈在 *Soft Power: The Means to Success in World Politics* (New York: Public Affairs, 2004) 中有一句话"诱惑总是比强迫更有效"(Seduction is always more effective than coercion.),此话听上去简直就像是引文中霍加特最后一句话的翻版。

性。**事实上,"大众文化"的主要来源跟工人阶级没什么关系**,因为这种文化主要是由商业资产阶级创立、资助和操纵的,其生产流程和分配方式始终遵循着典型的资本主义原则。就算工人阶级有可能是这些产品的主要消费者……我们也绝不应轻率地将两种文化混为一谈。①

到此,英国的文化理论家们已经有意识地将自己的观点与马克思主义相融合。那么欧洲大陆上的情况又是如何呢?二战后欧洲的政治格局进行了"大洗牌",英法等老牌资本主义国家无可挽回地衰落了。而在这场大变局当中,东欧建成了数十个社会主义国家,日后更是与苏联结成了社会主义阵营。而在资本主义欧洲方面,社会主义理论也在政治活动中获得了一定的地位,促使西欧和北欧从此进入了福利国家的时代,直到上世纪 70 年代西方发生"滞涨"危机。另一方面,马克思主义的影响也渗透进了欧洲大陆的文化批判理论中,典型的代表就是法兰克福学派。尽管这一学派今日已经风光不再,但其在理论界的影响仍是"余音绕梁,三日不绝"。

总的来说,法兰克福学派对于大众文化持批判态度。就算是态度相对包容的本雅明,有时也不免在论述中表现出对于大众文化的担忧,这或许是受了阿西亚·拉西斯(Asja Lacis)的影响。例如他虽然认为电影中包含着"革命性机遇",但也强烈要求将资本的影响从电影中彻底排除出去,因为资本对这种"革命性机遇"造成

---

① [英]斯道雷著:《文化理论与大众文化导论:第五版》,常江译,北京:北京大学出版社,2010 年,第 59 页。

了严重威胁:"凡大众对电影的一切合理关注,即对自我认识与阶级认识的关注,都遭到堕落性的篡改。"① 而法兰克福学派的另外两名干将阿多诺(Theodor Adorno)和霍克海默(Max Horkheimer)则对大众文化提出了彻底不留情面的批评,他们指责大众文化实际上就是文化工业(culture industry),大众文化与其说是文化,不如说是商品。它们的内容和形式都是令人乏味的千篇一律:流行歌曲只要听了上半句你就知道下半句是什么了,电影只要看了前半部分你就能大致猜到后面的情节走向,这些粗制滥造的文化产品无法真正满足人们的精神需求。而大众之所以仍然如此痴迷于这种文化工业的产品,是因为人们从根本上遭到了蒙蔽:

> 文化工业不断在向消费者许诺,又不断在欺骗消费者。它许诺说,要用情节和表演使人们快乐,而这个承诺却从没有兑现;事实上,所有的诺言都不过是一种幻觉……文化工业没有得到升华;相反,它所带来的是压抑。②

这句话大概可以视作是法兰克福学派对大众文化最严重的一条指控了。赫伯特·马尔库塞(Herbert Marcuse)则沿着前人的思路,进一步提出了著名的"单面人"(one dimensional man)的概念,即人们失去了否定性的、批判性思维的能力,成为了只有肯定

---

① [德]克拉默著:《本雅明》,鲁路译,北京:中国人民大学出版社,2008年,第131页。
② [德]霍克海默、[德]阿道尔诺著:《启蒙辩证法——哲学片段》,渠敬东、曹卫东译,上海:上海人民出版社,2006年,第126页。

性思维的人。

　　法兰克福学派如此厌恶大众文化，很大程度上让人联想起上文提到的那些秉持着"文化和文明"传统的英国理论家们。的确，两者都犯了一个严重的错误，那就是始终以一种文化精英主义的姿态居高临下地审视大众文化这一新兴的事物，这种高高在上的态度着实令人生厌。法兰克福学派在此基础上还犯了一个更加致命的错误，那就是认为大众文化的受众都只能盲从地接受而不懂得反思（这一系列观点的极致表现形式正是马尔库塞的"单面人"理论）。因此以这样一种高傲的姿态试图挑战大众文化无疑有一种令人厌恶的自命清高感，而这种行为实际上充满了堂吉诃德式的天真和鲁莽，而这也是60年代之后他们遭到批评甚至抛弃的根本原因。

　　60年代继法兰克福学派后兴起的，主要是英国的伯明翰学派。这个新兴的学派也坚持马克思主义的传统，但与之前占有话语霸权地位的法兰克福学派相比，其最大的不同点在于对大众文化的态度更加客观、温和。他们始终致力于发掘大众文化中更加积极的一面，而不像法兰克福学派那样对大众文化抱有敌视态度。一个更重要的区别在于，伯明翰学派的领军人物斯图亚特·霍尔（Stuart Hall）在其编码/解码理论中对大众文化的受众群体内部进行了进一步细致划分，并将观众对于大众文化的解读方式分为了对抗、偏好和协商三种模式。在此，伯明翰学派实现了一次文化研究的理论范式的倒转——将研究的中心重新投向了受众本身。显然，这样客观翔实的态度要比他们在法兰克福的同僚们要严谨客观得多，而后者很大程度上受困于意识形态的限制，相比之下就显出了一种"为态度而态度"的不良倾向。起初，法兰克福学派和伯明翰学派的意见针锋相对，然而随着法兰克福学派内部的分化和整体的衰落，以及受到60年代西方学生运动失败的影响，伯明翰学派的观点渐渐获得了更多人的支持。而在大西洋彼岸，北美的大众文化研究者也开始介入这场辩论中，他们中对大众文化持同情或支持态度的学者也不在少数。例如提出了地球村概念的马歇尔·麦克卢汉（Marshall Mcluhan）。当然也有少数几个例外，例如与麦克卢汉同属于媒介环境学的美国学者尼尔·波兹曼（Neil Postman），他的文化批评三部曲《童年的消逝》、《娱乐至死》和《技术垄断》在北美学术圈对于大众文化的一片叫好声中显得特立独行。

我们可以很明显地指出法兰克福学派与伯明翰学派和北美大众文化理论之间的区别，而这些区别归根结底可以说是欧陆理性主义哲学和英美经验主义哲学之间的区别。尽管法兰克福学派和伯明翰学派都声称自己与马克思主义有千丝万缕的联系，但在实际的理论操作当中却表现出了重大差异：前者将马克思主义与理性思辨和精神分析糅合在了一起，进而得出了"工人阶级在文化工业前面只能被动接受、文化工业是危险的"的结论。相反，后者则将马克思主义的传统与英美经验主义、自由主义和个人主义相结合，由此强调主体的能动性，受众能够对接收到的信息进行进一步加工，变成自身文化的产物，所以他们认为大众文化是未来的希望所在，进而反对前者的观点。

细心的读者可能已经发现了，在以上的陈述中，我们介绍了英国、德国和北美的大众文化研究情况，但似乎还有一个极为重要的国家没有提及。是的，那就是处在英德之间的法国。直到 20 世纪 30 年代以前，法国知识界始终处于德国那三个"H"（黑格尔、胡塞尔和海德格尔）的光辉照耀下。然而二战后随着德国的衰落和资本主义世界重心的西移，英德的昔日荣光不再，法国知识界才渐渐开始展现她动人的魅力，也为欧洲带来了那时最先进的理论"武器"——结构主义。然而结构主义并非一种评价体系，它只是一种阅读策略，本身并不直接对研究对象的价值进行评判。至于价值评判，那是每位学者自己的事。因此，结构主义者们之间就产生了差距：你既能看见福柯那象征着决不妥协的光头出现在 1968 年 5 月巴黎的街道上，也能看见罗兰·巴尔特（Roland Barthes）优雅从容地避开了那段在他看来混乱不堪的岁月。

然而谈到结构主义，就势必要谈到 20 世纪欧洲思想界另一项重要的遗产——精神分析学。雅克·拉康（Jacques Lacan）在此成为了一个代表性的人物，他使用了结构主义的阅读分析方法，对弗洛伊德的精神分析学进行了强力阅读/重读。拉康的知识迷宫过于幽深，令人望而却步，他也很少直接对大众文化现象进行过评论，这点与积极置身于现实事务的福柯截然相反。然而拉康理论的锋利和激进程度却丝毫不亚于福柯，某种意义上来说甚至有过之而无不及。但是，在我们正式进入拉康的知识迷宫之前，先让我们从另一个侧面来了解一些有关主体的不为人知的秘密。

二、令人深思的实验

"路见不平，拔刀相助"被认为是勇敢和正义的表现，是人具有同情心的最好证明。启蒙时代英国的伦理学家亚当·斯密（Adam Smith）认为，同情心是人类最原始的情感之一："我们常为他人的悲哀而感伤，这是显而易见的事实，不需要用什么实例来证明。"① 作为英美经验主义哲学的代表，斯密作出这一判断的依据正是生活经验和常识：任何人在目睹他人的不幸遭遇时，都会产生恻隐之心并伸出援手。因此斯密认为，只要从自身的经验出发，人们必然会得出"助人如助己"的道德准则。

然而 1964 年由耶鲁大学教授斯坦利·米尔格拉姆（Stanley Milgram）组织进行的一项社会学实验，却打破了这个被斯密认为是不证自明的"事实"。这次实验的大致经过已被人们熟知：受试者在主试的带领下，参加一项名为"记忆和学习研究"的实验，该实验号称旨在研究惩罚与学习效果之间的关系。在这项实验中，受试者需要配合主试对"学生"完成一项单词配对学习任务。如果"学生"回答错误，受试者就要通过电击器对其进行一次惩罚性电击。电击强度从 15 伏到 450 伏共分为 30 个等级，每答错一次，电击强度便提高一个等级。当然，以上这些都是幌子，"学生"只是事先经过培训的演员，他没有遭受真正的电击，他遭受电击时的痛苦表情都是装出来的。所有的一切只是为了不让受试者知晓实验的真正目的：

> 实验的真正目的，是了解在可测量的具体情境下，受试者

---

① ［英］斯密著：《道德情操论》，蒋自强等译，北京：商务印书馆，2010年，第 1 页。

的行为可以持续到什么时候。在这个情境中,他被要求向一名反抗的受害者施加越来越强烈的痛苦,他会在哪个时刻拒绝服从主试的命令?①

最初,研究者们对这次实验的预期结果进行了预测。他们对心理学家、大学生和不同职业的中产阶级成年人进行了随机采访,向他们具体描述了实验的流程(当然并没有透露实验的真实意图),并要求他们写下自己在实验中可能的表现。100%的受访者都表示自己将会反抗主试,这一预期结果符合人们的正常思维;它也表明多数人认为自己的行为受个人意识的支配,具体情境不会对此产生太大影响。

但众所周知,实验的实际结果却出人意料:在主试的要求下,受试者并没有象预期那样早早地放弃了实验,而是继续对"学生"施加了越来越重的惩罚,超过半数者竟然坚持到了最高电击等级(450伏)。尽管与此同时,许多人在实验中产生了紧张情绪,甚至对主试发出了强烈抗议,这说明主试的命令与他们的道德准则产生了矛盾,但最终他们仍然坚持完成了实验。

米尔格拉姆实验表明,当独立的个体进入组织结构时,心理状态会相应发生改变,米尔格拉姆将这一心理状态的转换过程命名为"代理转换":经过代理转换后,个体的心理状态由"自主状态"

---

① [美]米尔格拉姆著:《对权威的服从——一次逼近人性真相的心理学实验》,赵萍萍、王利群译,北京:新华出版社,2012年,第4页。

(automony)转变为"代理状态"(agentic state)。① 在进入一个复杂的组织结构时,个体若要与组织中的其他部分进行协调,就必须对个体的欲望和行为进行限制(借用弗洛伊德的话来说,就是超我对本我的冲动进行抑制,以便个体能够在社会中生存下来),这是人产生代理转换的根本原因。而代理转换的后果则是:权威的命令代替个体的道德和良知,成为指导个体行为的主导因素。假如命令出自一个善意的权威,其意图与愿望没有与下级的道德感产生矛盾,下级便能轻松地完成指令。但在米尔格拉姆的实验中,个体所要面对的是由一个充满了恶意的权威发出的指令,由于这一命令与人之常情不符,个体内心便会感到紧张,甚至向主试抗议。但尽管如此,由于在组织的等级结构中主导个体行为的因素是权威的命令而非道德,绝大多数人因此仍会继续遵从主试的意图,坚持将实验进行到底。

米尔格拉姆电击实验的结果让人感到震惊,它在饱受道德争议的同时,也道出了一条有关人之本性的秘密:尽管人们坚称自己才是个人行为的主宰,但在一些具体的社会情境中,人们仍会不由自主地慑服于权威的力量,从而服从于他人的指示和欲望,甚至作出有违道德和良知的举动。

值得一提的是,米尔格拉姆的电击系列实验是由 18 个小型实验共同组成的,我们通常所熟知的实验过程和结论只是冰山一角而已,这一点许多人并不清楚。而其中的一个实验(实验 17)更值

---

① 米尔格拉姆对这两种状态的定义分别是:"个体认为自己按照个人意愿行动";"个体认为自己是执行他人意愿的代理"。

得我们注意，因为它试图探讨一个更加复杂的问题：当"服从"（obedience）和"从众"（conformity）同时作用于个体时，会产生什么样的效果？

实验17的大致过程与前面所描述的没有太大区别，唯一的差别在于，实验17的受试者拥有两名同伴，三个人共同完成施加电击的行为。这两名同伴被称为"伪受试者"，因为他们事先与研究人员进行了沟通，其举动都是事先安排好的。在施加150伏电击前，两名伪受试者均服从主试的安排，但在施加150伏电击后，其中一名伪受试者对主试进行反抗，并拒绝实验。此后，由另一名伪受试者与毫不知情的真正受试者继续实验。在施加了210伏电击后，另一名伪受试者也提出抗议并拒绝继续实验。此时只留下受试者独自进行实验，直至结束。

实验17的结果也许会令许多人感到欣慰。在40名受试者中，有90%最终采取了反抗行为，中途便退出了实验，这一数值远远超出了其他实验。在实验后的访谈里，受访者认为同伴的反抗行为给了自己信心。在群体的鼓动之下，多数受试者最终对主试发起了反抗。所以米尔格拉姆认为，一个个体若想反抗一个恶意权威，最好的办法就是通过群体的力量去对抗权威。对于实验17，米尔格拉姆给出了一个令人振奋但又不无谨慎的结论：

> 群体可以如此有效地削弱主试的力量……如果个体希望站在权威的对立面，他会从团队其他成员处寻求支持。人与人之间的相互支持是最强大的支柱，可以用它来对抗超过限度的权

威(但群体并非总是站在正确的一面,比如滥用私刑的暴徒或四处抢掠的无赖帮派。这警示我们,群体也可能会施加邪恶的影响)。①

同样从实证和经验主义的角度出发,为何米尔格拉姆的这组实验得出了和斯密截然不同的结论呢?难道我们真的是没有同情心的冷血动物吗?又或者说,他的实验也许揭示了一些被经验主义忽视了的东西?关于这个问题的回答我们暂时按下不表,先继续看另外一组实验。

米尔格拉姆的一系列电击实验对于分析纳粹德国这样的极权社会的确是很有针对性的。但在现代社会中,权威已经不再具有一言九鼎的绝对力量了。这是否就意味着人们的思想获得了真正的解放,因而不再受到任何干扰了呢?米尔格拉姆在他的系列实验中似乎没有考虑这样一种情况:假如实验中缺乏一个绝对权威的角色,情况又会如何?或许米尔格拉姆只是觉得没有必要对这种情况再进行假设了,因为前人已经对此做出了丰富而有益的探索。米尔格拉姆的导师所罗门·阿希(Solomon Asch)的从众实验(又名"线段实验")已经表明,即使是受过良好教育的成年人,其判断力也经常会受到群体力量的干扰。所罗门·阿希的线段实验也是由一系列小实验组成的,其中的一个实验如下:受试者与五名伪受试者(实际上是事先与主试商量好的实验助手)参加一项所谓的知觉判断实

---

① [美] 米尔格拉姆著,《对权威的服从:一次逼近人性真相的心理学实验》,赵萍萍、王利群译,北京:新华出版社,2012年,第135—136页。

验。主试向六人出示了图3中的两张图片，并让六人说出右边的三根线段中哪一根与左边的线段一样长。主试先让其他五名伪受试者故意回答错误，最后才让受试者进行回答。结果，面对这一简单的问题，许多受试者由于受到了群体压力的影响而给出了错误的答案。

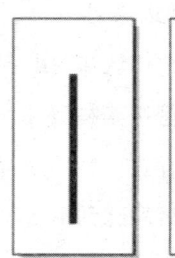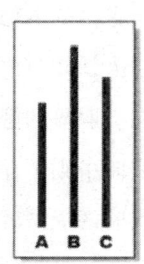

图3 所罗门·阿希的线段实验

线段实验所呈现的结果并非个案，近六十年来全球不断有人重复进行这一实验，其结论都与阿希的实验一致。谁都不会承认自己是个糊里糊涂的从众者（就像人们在进行米尔格拉姆的服从实验前那样，他们都否认自己会无条件地服从权威），但仍有较大比例的人——在阿希的实验中，这一比例约是35%——变得盲动。

阿希和米尔格拉姆这对师生先后完成了两个意义深远的社会学系列实验，他们的两组实验既有显而易见的区别又有某种程度上的联系。区别有四点：①服从实验中的受试者接收到权威发出的明确指令；而从众实验中的受试者仅仅是受到群体压力的影响，这种影响的结果并不明确。②这也引出了第二个不同之处，即在服从实验中，许多受试者坚称个人自主性被主试剥夺，他们常会以"我只是奉命行事"这样的托辞为自己辩护，并因此认为自己不应为伤害行为的结果负责。相反，在从众实验中，受试者虽然明显感到了来自群体的压力，却对此矢口否认，他们坚称自己的判断未受群体的影响。③在服从实验中，受试者之所以产生紧张感，是由于权威的意志与自己的道德感发生对立。而在从众实验中，受试者的压力来源于个人认知与群体认知的出入。④也是最重要的一点：电击实验中存在着明显的等级结构（主试——受试者——受害者），而这在线段实验中则不存在。另一方面，两个实验的联系也是很明显的：两个实验的受试者均感到不同程度的不安和紧张，因为他们的内心都不免要与外界的意见——不论是在等级结构中上级权威的意见，还是在非等级结构中群体的意见——进行一番抗争。

现在我们已经简要介绍完这两组实验了，下面我们可以初步讨论一下这两组实验对于大众文化的启示了，不过这一次，我们将结合结构主义者——尤其是拉康——的观点，重新检视大众文化。

三、 拉康的教益

就本文而言，上面的电击实验与纳粹的极权社会有许多相似之处。在纳粹德国这一极权社会中，人们极易顺从于权威——艾希曼对于希特勒的无条件服从让后人看到了一个庸碌之辈是如何成为残害600万犹太人的凶手的。更令人惊讶的是，艾希曼在法庭上竟丝毫没有表现出一丝不安和愧疚，显然艾希曼完全放弃了独立思考的能力，他甚至已经感受不到良知与纳粹党的邪恶意志之间的搏斗。更多的德国人则生活在内心的痛苦和矛盾之中。而今天，卡里斯马式的领袖离我们远去了，这是否就意味着一个完全自由的新时代的降临呢？为大众文化大唱赞歌的理论家自然是这样认为的。对于大众文化的造物，经验主义者始终坚信主体的能动性和判断力，拒绝承认今天还存在外在的力量能对主体施以影响。

客观地说，伴随着大众知识水平的不断提高和信息流通速度的不断加快，像希特勒那样的大谎言家想要再迷惑大众将会变得越来越难。面对大众文化，今天的人们有权选择拒绝，这比起极权社会确实是一个进步。因此，法兰克福学派的观点遭到人们质疑是不足以为怪的。我们应当承认，法兰克福学派对大众文化的分析是片面的：阿多诺简单地认为受众在文化工业面前往往是被动的，因而容易受到欺骗；马尔库塞更为激进，他认为资产阶级文化将会把人们塑造成只会物质享受而没有批判精神的单面人，并坚决地要与发达工业社会断绝关系。相应的，20 世纪上半叶在媒介研究领域中较为流行的"子弹论"（the Bullet Theory，亦称"皮下注射论"）也认为，大众犹如一盘散沙，在强大的媒介机器面前是被动的，只能任其摆布。

但后来的伯明翰学派则对以上这些观点提出质疑：斯图亚特·霍尔有关编码和解码的理论试图复归受众在媒介研究中的中心地位，他指出受众对同一文本的解读方式并不是唯一的，并提出了受众的三种解读模式——对抗、偏好和协商模式，对法兰克福学派的传统观点提出了挑战。而拉扎斯菲尔德（Paul Lazarsfeld）的两级传播理论（Bi-polar Communications Theory）则取代了"子弹论"的主流地位，他不仅指出"子弹论"的理论缺陷——即夸张了传播媒介的影响力，同时也指出传播的效果受到传播者与受众、受众与受众之间的互动的影响。

然而前人的忧虑也并非空穴来风，进一步思考以下问题也是必要的：大众在大众文化中真的自由吗？权威真的在大众文化领域中消失了吗？法兰克福学派的心理学家弗洛姆给出了否定的答案：公开的、以人类领袖的模样显形的权威的确已经消失了，但另一种权威——匿名的、不可见的权威，还依然存在着。这类匿名权威是什么？弗洛姆回答说："利润、经济需要、市场、常识、舆论，'集体'所做、所想、所感受的一切。"① 当今的大众文化生产和传播技术本身是中立的，但若是要准确考量技术对于社会的影响，必须要将之置于更加广泛的社会情境之下。因此，分析技术使用者的潜在意图就变得十分必要了。"技术本身不能独立于它的使用；这种技术社会是一个统治系统，这个系统在技术的概念和结构中已经起着作用。"② 根据以上马尔库塞的分析，由商业力量控制的大众文化和媒介机器向人们宣传"虚假的需要"，尽管有识者可以一眼洞穿这一伎俩，但今天发达的工业社会早已建构出了一股强大的情境力量，它将真实的目的隐藏起来，通过对潜意识的撩拨，催促着人们去满足这些被情境力量创造出来的"需要"。

人们当然可以对大众文化施加的影响予以反抗，可是对付这类匿名权威会十分棘手。首先，这类匿名权威没有公开的显形："无名权威的法则如同市场法则一样，是不可见的——也是无法攻击的。谁能攻击不可见之物？谁能反抗不可见的人？"③ 匿名权威躲

---

① [美] 弗洛姆著：《健全的社会》，孙恺祥译，上海：上海译文出版社，2011年，第125页。
② [美] 马尔库塞著：《单向度的人：发达工业社会意识形态研究》，刘继译，上海：上海译文出版社，2010年，导言第6页。
③ [美] 弗洛姆著：《健全的社会》，孙恺祥译，上海：上海译文出版社，2011年，第125页。

避着人们意识的扫描，小心地潜伏在人的潜意识中。其次，匿名权威借助一致性对社会施加影响。就像我们在线段实验中所看到的，个体在与多数不一致时会感到紧张，而不一致意味着不为群体接受。尽管这并不是强迫性的，可很多人还是会改变自己的观点，在无视现实的情况下服从于群体的意见。在群体中，幸福意味着与集体保持一致意见。但与此同时，人们感到"同集体保持一致、融为一体是自己的责任，但同时很多人也感到自己在'抑制其他的欲望'"，似乎与集体保持一致也意味着个体要失去些什么。

不过，正像上文所述，法兰克福学派虽有其合理性，但今天我们也还是不得不对其重新审视。而在这一点上，拉康可能已经更进一步地揭示了主体的秘密：原来，并不是主体在大众文化中失去了独立判断的能力。从根本上来说，我们自以为独立的主体其实只是一个无意识的主体，一个欲望的主体，而且人的欲望总是他者的欲望（Man's desire is the desire of the Other）。这就是主体的（让某些人不敢直视的）真相。

为什么说"人的欲望总是他者的欲望"？在经验主义者看来，这句话简直就是一个受迫害妄想症（persecution mania）患者的呓语，或者压根就是个笑话：我的想法、需求、欲望怎么可能是由他人事先设计好的？"我"是一个拥有自主意识的主体，所以"我"才是主体真正的控制者！然而拉康并不这么看。拉康始终认为，精神分析的最终目标就是超越主体的幻象。而他带领人们穿越幻象的第一步，就是揭示（或者说重申）在自我形象之下还隐藏着无意识的维度，**主体从其根本上来说就是无意识的主体**：

在科学中，主体最终只是在意识层面被维系着，因为科学中的主体 x 事实上就是科学家。无论是谁，只要拥有了维系主体维度的科学体系，他就是主体，因为他是对象世界的映射、镜子和支撑。相反，弗洛伊德告诉我们，在人类主体中有某个东西在言说，在那个词的充分意义上言说，也就是说，有某个东西狡猾地躲在下面，且没有意识什么事。①

自从弗洛伊德发现了人的无意识后，"无意识"这个词就充斥着整个人文学科的理论中，以至于我们乍听到这个词都已经有些麻木了。然而拉康在这里从结构主义语言学的角度重新阐发了无意识的基本意涵。他进一步明确地提出"**无意识是像语言一样被结构的**"——这里所说的"语言"自然是索绪尔意义上的"语言"，而不是日常用语中随意使用的那个"语言"。我们都知道，索绪尔在《普通语言学教程》中对言语（parole）和语言（langue）做出了重要的区分：

整个看来，言语活动是多方面的、性质复杂的，同时跨着物理、生理和心理几个领域，它还属于个人的领域和社会的领域。……

相反，语言本身就是一个整体、一个分类原则。我们一旦在言语活动的事实中给以首要的地位，就在一个不容许作其他

---

① 吴琼著：《雅克·拉康——阅读你的症状》，北京：中国人民大学出版社，2011 年，第 309 页。

任何分类的整体中引入一种自然的秩序。①

在第11次研讨班上，拉康也从结构的角度将无意识与语言进行了比对，并得出了一个重要结论：个体的无意识是在后天的社会和文化中形成的，这点没错。但是无意识的结构在个体出生之前就早已铭刻在社会当中——

> 在写入任何经验之前，在写入任何个体的推论之前，甚至在写入只与社会需要有关的集体经验之前，就已经有某个东西在组织这个领域，刻写这个领域最初的要旨。……在严格的人类关系被建立之前，某些关系就已经被决定了。它们乃是取自自然提供的支撑之物，这些支撑物以对立的主题排列。自然提供——我必须使用这个词——能指，然后这些能指再以创造性的方式组织人类关系，为其提供结构并构建它们。②

从这个结论中拉康发现，主体实际上是"被结构的"，主体总是在无意识的另一个场景（other scene）中生成的。更具体地来说，主体的欲望是由他者/无意识/象征界所决定的。拉康的这一说法意味着什么？这意味着一个令许多经验主义者极为震怒、恐慌的结论：**主体是经由他者而生成的，因而他者的逻辑才是无意识的主体**

---

① ［瑞士］索绪尔著：《普通语言学教程》，高名凯译，北京：商务印书馆，2011年，第30页。
② 吴琼著：《雅克·拉康——阅读你的症状》，北京：中国人民大学出版社，2011年，第316页。

真正根本的决定因素。经验主义者自然是不会同意拉康的观点的,然而拉康又通过弗洛伊德所分析过的一个经典案例,再次间接地驳斥、嘲弄了这些人,这就是孩子的 Fort/Da① 游戏:

> 这孩子有一只木制的卷轴,上面缠着一根绳子,他从未想到可以将这只卷轴拖在地板上,比如当作一辆车子拖着玩。他只是抓起系在木轴上的绳子,提起木轴然后熟练地将它扔过用毯子蒙着的、自己的小摇床的栅栏,使木轴消逝在小床里。与此同时,他嘴里喊着"噢——噢——噢——噢"。然后又抓着绳子把木轴从小床里拖出来,嘴里还一面高兴地嚼着,"嗒!"["在这儿"的意思]于是,这就构成了一个完整的游戏——丢失和寻回。虽然第二个行为无疑会产生更大的愉悦,但一般来说,人们只观察到第一个行为,孩子将第一个行为本身作为一场游戏,不知疲倦地玩着。②

孩子这种细微的行为恐怕甚少有人会注意,然而弗洛伊德注意到,这个 Fort/Da 游戏常常出现在孩子母亲不在场的情况下,这就引起了弗洛伊德的兴趣。弗洛伊德指出,孩子正是通过这种游戏,以一种象征化的方式重复着母亲的出现和消失,仿佛孩子自己才是使母亲出现/消失的真正控制者("是我让母亲消失的!也是我让母

---

① Fort/Da 在德语中的意思是"去/来"。
② [奥]弗洛伊德著:《弗洛伊德后期著作选》,林尘等译,上海:上海译文出版社,1986 年,第 12 页。

亲再次出现啦！"），借此削弱母亲不在场的痛苦感。然而，母亲的不在场是一个无法改变的现实，孩子的游戏行为终究只是一个"缓兵之计"，他最终必须要接受母亲不在场的不愉快现实，这就是人成长经历的缩影。

而拉康进一步认为，这种Fort/Da游戏产生的时刻，正是孩子进入了早已存在的象征界的标志：孩子以具有象征功能的语言来对自己的痛苦进行补偿。也正是在这个时刻，年幼的孩子迈向了象征界，他在使自己的欲望结构化的同时，也认同了古老的象征秩序，而这一象征秩序正是由他者（Other）构成的——"Fort！Da！唯当此刻幼儿的欲望已然成了另一个人的欲望，成了主导着他的自我对体的欲望，其欲望对象因此即是他的痛苦。"① 孩子通过这个游戏完成了对象征秩序的认同，也从此开始被象征法则所支配。

在这个游戏中，孩子以象征化的方式使代表着"母亲"的木轴出现/消失，以此获得了一种主体性。但正如拉康所言，这种主体性被象征界的网束缚，主体的欲望因此受到象征法则的永久支配。不理解这一点的人自然会深陷于经验主义的观念中，固执地以为主体是绝对自由、不受约束的。然而身处现代社会，人类四周被各式各样的社会建制所包围，谁还能肯定自己一定是绝对自由的？

可是仍有一个悬而未决的问题：人为什么会认同象征界的法则呢？拉康常常将象征法则称为父法（Loi），因此让我们回到第一章中提到的那个杀害原始父亲的故事中云。人们在杀死了原始父亲

---

① 吴琼著：《雅克·拉康——阅读你的症状》，北京：中国人民大学出版社，2011年，第422页。

后，为了避免兄弟/父子相残的悲剧再次发生，就只能以死去的父亲的名义订立一系列盟约，即父法。而父法之根本就是乱伦禁忌：父法的乱伦禁忌象征性地对仍然活着的儿子们施行了"阉割"，使他们放弃了占有母亲的欲望。从中我们可以看到，原始父亲虽然死亡了，一部抽象的父法却从他的尸首上诞生了，父法从此成为了一种象征性的社会秩序，将父亲的印记被深深地印刻进了每一个儿子的骨头里，因此父亲在象征界中再次重生，也在每一个儿子身上获得新生。

人类直到今天一次又一次杀死了父亲的化身——我们推翻了无数的封建王朝，砸烂了数不清的神像，甚至还打败了希特勒这样打着"救世主"旗号的恶魔，仿佛作为人子的我们无往不利，我们的自由意志总是能够战胜一切。然而父法是否随之消失了呢？站在结构主义的角度，拉康提出了自己的观点：父亲死了，但是父法不灭。而现代社会的父法究竟是什么呢？人类那贫乏的言语似乎是很难对这个内容庞杂的父法进行简明扼要的概括了，但我们总能找到一些标志物，而那些标志物大概正是弗洛姆所提到过的那些资本主义世界的"匿名权威"——"利润、经济需要、市场、常识、舆论，'集体'所做、所想、所感受的一切。"西方大众文化作为现代世界的产物，也不可避免地受到了现代社会父法的约束。我们在下文中即将罗列的这些大众文化现象——消费主义、大众传媒等等，有许多正是完全拜倒在这种现代社会的父法之下，并且也使欲求着大众文化的人们逐步接受并支撑着了这一套象征秩序。从这个角度上而言，大众文化确实具有一丝极权的色彩，因为诚如福柯所言,极权主义实际上"不仅包括历史上的法西斯主义……也包括在我们观念中和日常生活里的法西斯主义,它使得我们热爱权力,并且导致我们欲求着那些恰好是统治和剥削着我们的东西"[1]。

这一切大概会让人觉得很绝望——就像俄狄浦斯为了躲避那个可怕预言的实现,拼尽全力与命运抗争,但终究还是逃不过弑父娶母的悲剧——原来人类千百年来与自然、与自身搏斗的结果,最终还是没能挣破父法之网的束缚。但这并不意味着人类争取自由的努力就是徒劳的:今日现代社会公民所享有的权利,哪一项没有经过前人的不懈奋斗?也正是因此,二战中那些敢于反抗纳粹极权的人们才是历史上真正的英雄。

更是因此,拉康和福柯在某一个时空中结成了一对奇异的组合:年长的拉康对所有人说:"请接受这样残酷的现实,然后穿越你们的幻象,你们才能到达精神分析的终点!"而年轻的福柯则说:"跟我来吧,我们绝不向现实妥协!"或许拉康会嘲笑福柯的"痴狂",福柯则会对拉康的"故作玄虚"不屑一顾,但他们都认识到了造成人类不自由的根本原因,这是他们的相似之处。也就是在这个交汇点上,两个人做出了截然不同的选择:拉康以一种更超然的态度选择了穿越欲望,而福柯则以决不妥协的姿态向权力挑战。至于孰优孰劣,那都是后话了。

---

[1] Gilles Deleuze and Felix Guattari, *Anti-Oedipus: Capitalism and Schizophrenia*. trans. Robert Hurley, Mark Seem, and Helen Lane, New York: Viking Press, 1977, Preface xiii.

第三节　现代西方社会的父法与大众文化

一、消费主义与大众文化

购物形塑了当今的社会,甚至可以夸张地说:当代人类对社会和自身的最初认识,就启蒙于购物行为当中。徜徉于购物中心里的人们通过浏览不同的服装品牌,了解到每一种品牌产品的价格高低,进而当我们遇到陌生人时,我们可以根据他们身上穿着服装品牌粗略地判断一个人的背景和品味:一个肩挎路易·威登皮包的女士也许身份不凡,而一个套着无牌T恤的男人大概绝不会是百万富翁——当然,这些结论过于武断,因而常会出错;但这些极不准确的判断确实给人们提供了一条认识社会的方法(也同时导致人们产生根深蒂固的刻板印象)。通过购物行为,甚至仅仅是浏览展示橱窗或是翻阅产品册页,人们都在不经意间积累着文化资本——与陌生人展开谈话的方式之一便是赞美别人的衣着,而假如对方身着名牌,你又碰巧是购物的行家里手,只需要略微表现一下你对该品牌的了解和倾慕,双方对话便会很自然地展开,人际关系也会迅速升温。因此,购物也是人们相互增进感情的重要途径:亲子、情侣或者好友常常结伴走向购物中心,在穿衣打扮方面交流心得,或是相互建议。总而言之,"购物不仅仅是一个获取商品和服务的过程——它是一个关于这些商品和服务的终身学习过程……通过谈论我们对商品的反应,我们解释的是最终最吸引我们的话题:我们自己。"①

不过,在传统社会向现代商业社会的过渡当中,市场中的交易方式也在不断地改变着。许多人仍然怀念过去的交易方式,典型代表便是理查德·桑内特(Richard Sennett)。在其《公共人的衰落》中,他似乎在不经意中流露出了一种对过去充满人情味的传统交易市场的怀旧之情。传统的集市无外乎给人以下几点印象:起初的集市往往没有固定的时间和地点,直到形成一定规模后方才固定;集会通常熙熙攘攘,充斥着叫卖声,集市里以零散的小贩为主,所销售的商品也没有一个固定的价格;商贩会热情地向顾客介绍商品的优点,但同时为了取得更多的利润也会故意提高报价(但为了达成交易,其报价也不会太离谱),而顾客会向小贩仔细咨询有关商品的具体信息,同时也会为了获得最大的实惠而与小贩讨价还价,最终双方要么在协商中达成交易,要么一拍两散;再后来,一些获利的商贩为了吸引特定种类的顾客,希望能从集市中独立出去,他们开始在街边租下固定的店面,而服务态度和商品质量也都大大提高,但大体上仍然遵循集市中双方商讨定价的交易原则。

与过去购物体验完全不同的是,今天购物中心的庞大规模是往日集市难以比拟的,其经营范围之广、销售商品之多、营业时间之长都令人咋舌。桑内特认为这种购物模式兴起于19世纪的私人

---

① [美]佐京著:《购买点:购物如何改变美国文化》,梁文敏译,上海:上海书店出版社,2011年,第32—33页。

店铺：

> 1852年，阿里斯泰·博西柯在巴黎开了一家叫做"便宜货"的小型零售店。这家店铺基于三个全新的创意：薄利多销、标明价钱、不讨价还价。任何人都可以走进他的店铺翻看商品，而不用觉得非买不可。①

博西柯的这家零售店代表着现代购物模式的开端，某种程度上来说的确是一种进步：起初，这些明码标价的商品都极为便宜，这一薄利多销的销售手段既增加了营业额，也省去了买卖双方的麻烦。这种购物方式发展到今日的极致就是诸如沃尔玛（Wal‒Mart）这样的现代大型连锁超市，这些大型仓储式超市构成了一道现代化的景观：廉价、高效、种类齐全、货量充足……顾客在感慨之余也会慷慨解囊。通过有效的成本管理和资源配置，沃尔玛成为了当今最受青睐的商场之一。不得不承认，现代化的销售手段不仅使商家的利润大大提高，也让顾客的购物活动变得更加便利。

但是这样做也产生了一些副作用：现代购物中心和超市所提供的购物体验不再是一种双边交流模式：一切商品都明码标价，讨价还价的交流行为消失了，顾客只能独自进行挑选。有些人认为讨价还价这种戏剧化行为过于烦琐，在讲求效率的社会中是不必要的。但讨价还价也能带来一些好处，因为"这种程序的你来我往使得买

---

① ［美］桑内特著：《公共人的衰落》，李继宏译，上海：上海译文出版社，2009年，第180页。

卖双方有了相互交织的社会关系;不积极参与到其中,就意味着有损失钱财的风险"①。

应当承认,买卖双方的交流并没有完全中断,店主仍会对顾客笑脸相迎,热情地介绍商品的情况,但这种谈话并非是一种平等的双边对话,因为店主和顾客在一个关键问题上,即价格上,却几乎没有协商的余地。渐渐地,随着经营规模的扩大,店主也从商店的大堂里消失了,只剩下挂着职业式微笑的售货员和导购员,他们虽然也会主动与顾客进行交流,但他们在价格上并不拥有让步的权力——定价权仍牢牢地掌握在店主手中。店主则将更多的心思投入到商店的幕后管理和营销策划工作中,有时干脆连店铺的管理权也一并交予经理。

但这并不代表店主的"声音"就此消失了。店内商品的摆放日渐考究,它模仿真实生活中的情境。店主已经不再将推销的重点放在介绍商品本身的特性上了,而是更加侧重于营造一种消费情境。试比较以下两条广告便可知这种变化了,第一个例子是一条18世纪的房地产广告:

在纽约长岛的牡蛎湾,有一个很好的漂洗作坊,可供出租或出售。此处亦可作为农场,有一新造的砖石房屋,旁边有另一房子可作厨房和作坊,有粮仓、马厩、果园和20亩空地。作坊可以单独出让或和农场一起出让。有意者可向纽约的威廉

---

① [美] 桑内特著:《公共人的衰落》,李继宏译,上海:上海译文出版社,2009年,第181页。

姆·布赖德福特·普林特询问详情。[1]

以前的广告在今天看来似乎有点冗长,但这也是它的优点:传统的广告以一种朴实无华的语言,将待出售商品的详细情况全部告知读者,而读者需要通过仔细阅读、分析和推理才能对该商品有所了解,因此传统的广告对于读者的逻辑分析能力有一定的要求。

而由于现代设计理念和媒介技术——尤其是摄影技术的发展,现代的广告则呈现出全然不同的另一幅景象:现代广告更加强调消费情境的力量,冗长的介绍文字变成了朗朗上口的口号式标语,并且还配上了醒目的图像,用以唤起顾客对消费情境的联想。不过,尽管广告变得越来越生动形象,却极少触及商品的真实品质和细节情况(在一些极端情况下,商品本身甚至根本不会出现在广告中)。显然,现代广告正

图 4　美国通用汽车广告(1934)

---

[1]　[美]波兹曼著:《娱乐至死》,章艳译,桂林:广西师范大学出版社,2010 年,第 54 页。

是肇始于19世纪欧洲百货商店的推销手段,它构成了一种新的商业推销语言,并一直沿用至今(见图4)①。桑内特称这就形成了马克思笔下的"商品拜物教":

> 通过给商店中物品的用途蒙上一层神秘色彩,比如说通过展示一张某公爵夫人穿着某件裙子的照片来赋予这件裙子以"地位",或者通过将一个饭锅摆放在你商店橱窗中摩尔族妇女的裸体塑像旁边来增加它的"吸引力",零售商首先让顾客不再考虑商品是如何被制造出来的,甚至不再让你考虑它的质量,其次还使他们忘了自己的买家身份。商品就是一切。②

的确,现代商业的营销手段显示出一种危险的倾向:它杜绝了讨价还价,也因此拒绝了对话。自从讨价还价的行为渐渐消失后,顾客虽然不会再被商人纠缠,但购物从此也变成了顾客独自冥想的过程——他只有通过静观、把玩面前的商品,或是阅读干巴巴的文字说明,或者观看充满诱导性的广告,才能试图把握其

---

① 图片来源于美国通用汽车官方网站:http://media.gm.com/media/us/en/gm/photos.detail.html/content/Pages/galleries/us/en/history/Ads.html。

图片上的文字大意如下:全钢 Turret Top(直译"炮塔盖")——您头顶上的堡垒;当您驾驶着一辆雪佛兰轿车迎接1936年时,您差不多就是被一座钢铁堡垒保护着。雪佛兰的 Turret Top 十分坚硬,它将带给您自上而下、从左到右的全方位防护。其坚硬程度无与伦比。赶快给您的家人苛去一份炮塔盖(Turret Top)般坚固的呵护吧!

② [美]桑内特著:《公共人的衰落》,李继宏译,上海:上海译文出版社,2009年,第185页。

价值。理性的对话曾是 17—18 世纪资产阶级市民社会得以实现的最重要原因，那个时代的人们相信只有经过不断的公共对话和批判，他们才能够最终寻求到真理；然而今天，商人和顾客之间的对话空间已经荡然无存，市场的公共空间已经被一种"亲密性的专制统治"占领，因而桑内特才会无不悲愤地认为公共人已经彻底死亡了。

对现代社会的消费主义倾向更有力的批判来自于法国的知识分子。居伊·德波（Guy Debord）将马克思对"商品拜物教"的批判又向前推进了一步，开始对一种"景观拜物教"进行深刻地揭露。他认为，现阶段的资本主义已经达到了物质上的极大富裕，甚至无产阶级也从中分得了一些实惠，因而资产阶级用饥饿恐吓无产阶级的方法已经失效了。但这并不代表资产阶级统治的结束："目前这个阶段则是经济积累的结果完全占据了社会生活，并进而导向了从占有（avoir）向显现（paraitre）的普遍转向，由此，一切实际的占有现在都必须来自其直接名望和表象的最终功能。"[①] 这种"普遍转向"指的就是一个景观社会的诞生。资产阶级通过控制景观的生产和运用对所有无产阶级进行间接统治，因而仍然通过景观操纵着整个社会的秩序。

许多人欢呼当今是一个"读图时代"，而以纯文字为载体的、需要一定阅读分析能力的作品似乎在大众文化中不太受青睐（也许部分大众文学除外）。相较于文字，图像在传播过程中确实有一定

[①] ［法］德波著：《景观社会》，王昭凤译，南京：南京大学出版社，2007年，第6页。

的优越性,但视觉图像的盛行也隐藏着一定的危机:当视觉图像成为一种统治性力量后,"生活本身展现为景观的庞大堆聚。直接存在的一切全都转化为一个表象"①。最终,掩盖了社会真实的景观将会彻底颠倒真实的世界。德波认为,景观并非现代传播技术造成的视觉骗局,但最终却导致了一种虚假社会关系的产生。景观拒绝与人对话,它只展示它自身,它是"关于其自身统治秩序的不间断的演讲,是永不停止的自我赞美的独白,是其自身生活所有方面集权管理阶段的自画像"②。在景观滔滔不绝的自我宣讲当中,人类没有插入对话的可能性,一些人甚至最终放弃了这种念头。这种消极态度的结果便是产生了一种毫无批判性的"单向度人",他们不仅不会对景观提出批评意见,反而沉溺于其中。

受到德波的影响,鲍德里亚也认为所有景观是对现实生活拙劣而做作的复制,是一种"媚俗"。因此,在鲍德里亚看来,帕利尔二号这座现代购物中心就俨然是消费主义的"万神殿":装满商品的橱窗,四季如春的温度,悦耳动听的音乐,购物中心简直是一片与世隔绝的桃花源!"所有消费之神或恶魔都汇集于此,也就是说,所有的活动,所有的工作,所有的冲突以及所有以同样抽象方式废除了的季节。'③

---

① [法]德波著:《景观社会》,王昭凤译,南京:南京大学出版社,2007年,第3页。
② [法]德波著:《景观社会》,王昭凤译,南京:南京大学出版社,2007年,第7页。
③ [法]鲍德里亚著:《消费社会》,刘成富、全志钢译,南京:南京大学出版社,2008年,第7页。

市场原本是一个买卖双方平等协商的公共领域，一个自由的商业公共空间，但如今这里变成了一个充满了景观和伪语境的公共空间，而这个公共空间里如今的主导话语是消费主义。现代购物中心为社会构建了一套超现实奇景，其目的只是为了怂恿和催促人们消费，而对于过度消费的危害它却只字不提，甚至大肆攻击作为传统美德的节制。是什么导致了公共领域中平等对话的消失呢？桑内特认为这是由于古典资产阶级公共领域单方面的不断萎缩而导致的，但哈贝马斯则不同意他的观点，认为他错误地将欧洲中世纪代表型公共领域的特征也算在了古典资产阶级公共领域头上："由于没有清楚地区分开这两类公共领域，塞耐特［即桑内特，引者注］认为，非个人的、仪式性的自我描述所具有的美学作用形式瓦解了，由此可以证明他说诊断的'公共文化'的终结。"[①] 而哈贝马斯认为，公共领域并没有衰亡，而是发生一场结构转型。在这场转型中，平民也纷纷进入了原属于资产阶级的公共领域；而随着国家和社会的相互渗透，特别是二战后福利国家的发展，公共领域和私人领域之间的界限模糊了：

> 长此以往，国家干预社会领域，与此相应，公共权限也向私人组织转移。公共权威覆盖到私人领域之上，与此同时，国家权力为社会权力所取代。社会的国家化与国家的社会化是同步进行的，正是这一辩证关系逐渐破坏了资产阶级公共领域的

[①] ［德］哈贝马斯著：《公共领域的结构转型》，曹卫东等译，上海：学林出版社，1999年，1990年版序言第6页。

基础，亦即，国家与社会的分离。①

因此，交易活动原本处于可以公平对话的公共领域当中，但在 20 世纪，由于公共领域发生了上述的结构转型，公私之间界限日益模糊，私人领域中带有专制色彩的父法制概念逐渐渗入了资产阶级的公共领域中，因而平等对话的概念被腐蚀了。而从表面上来看，这似乎就是中世纪代表型公共领域的再次复活，包括哈贝马斯在内的一些学者称这一现象为公共领域的"再封建化"。

如此一来，当公私领域发生重叠时，作为资产阶级公共领域建立和稳固的前提也就消失了，因为这一结构转型后的公共领域既不能算作是私人领域，也无法归于公共领域的名下。由于公共领域发生了结构转型，原先平等对话的前提条件也就不复存在了。更危险的是，"在这个交叉区域，国家化的社会领域和社会化的国家领域相互渗透，无需具有政治批判意识的私人作为中介"②。因此，公共领域中的公众失去了它最重要的功能——批判功能，这在今天以消费为主导的社会中尤为突出：

> 市场规律控制着商品流通和社会劳动领域，如果它渗透到作为公众的私人所操纵的领域，那么，批判意识就会逐渐转化为消

---

① ［德］哈贝马斯著：《公共领域的结构转型》，曹卫东等译，上海：学林出版社，1999 年，第 171 页。
② ［德］哈贝马斯著：《公共领域的结构转型》，曹卫东等译，上海：学林出版社，1999 年，第 201 页。

费观念，于是，公共交往便消解为形式相同的个人接受行为。①

而此时作为公众的替代品，各种利益集团涌现了出来，公共领域也就成为了各种政治和经济力量的"傀儡"：不管是政党还是商业团体都想通过这一被"伪私人化"了的公共领域为自己争取更大的利益。因此，以下问题就变得一目了然了：作为当今社会的一种主导话语，消费主义正是各种商业利益团体所构建的。它们通过拒绝对话的方式避开了所有批评意见，在已经发生结构转型的公共领域中冒充"公众"的声音，通过循循善诱的推销手段四处宣扬消费主义的观点，其最终目的不是为了让消费者更好地生活，而是为了攫取更多的商业利润。而大多数失去了辨别和批判能力的公众，也从文化批判的公众变成了文化消费的大众。

总而言之，当今社会的消费主义话语就是一种隐匿的社会权威，它的力量来源于人们对生活无穷无尽的渴求。消费主义充分挑逗人们处于潜意识中的享乐欲望，并通过广告将之转化成顾客实际的消费行动，这一点最集中地体现在奢侈品和流行时尚的身上。

在第一章中我们已经简要分析过，在中世纪和资本主义早期的西方现代社会中，勤俭节约都曾被视为一项美德；然而到了工业资本主义时代，这项美德却被多数人彻底地抛弃了。要解释这一现象，人们也许可以找到一条很明显的原因：现代社会的生产力和物质丰富程度已经远远超出了过去，因而节约行为显得没有必要，享

---

① ［德］哈贝马斯著：《公共领域的结构转型》，曹卫东等译，上海：学林出版社，1999年，第188页。

乐主义因此有了产生的物质基础。这的确是原因之一，但这种分析仅仅停留在现象层面上。随着生活富足程度的提高，人本应生活得更加幸福，但现代社会道德沦丧现象的大规模出现却令许多人感到沮丧。丹尼尔·贝尔认为，导致这种现象出现的根源在于现代社会和文化之间的巨大分裂——社会结构（技术经济秩序）受经济原则支配，这项原则它要求严格按照经济效益和功能理性的标准进行生产，不得有丝毫浪费；但现代文化则提倡一种挥霍无度的生活方式，这种生活方式便是享乐主义。他痛心疾首地宣称，这种资产阶级的享乐主义"许诺物质享受和奢侈，然而所谓社会宽容和自由避开了'骄奢淫逸'的所有历史内涵"，他认为此次文化断裂的标志就是上世纪早期美国"新资本主义"（New Capitalism）的出现：

>"新资本主义"（这个词最早在 20 年代被使用）在生产领域——也就是说，工作领域——仍然需要新教伦理要求，但在消费领域，它却不断刺激对快感和娱乐的需求。①

由于新教力行节约的道德体系在 20 世纪初被享乐主义推翻了，这意味着美国传统的资本主义失去了它的超验伦理，因而也就已经丧失了其合法性。贝尔显然是站在文化保守主义的立场看待享乐主义的，应当承认他准确地剖析了享乐主义给社会带来的危害，但他没有发现古典自由主义文化逻辑中存在的漏洞。贝尔的分析与传统

---

① ［美］贝尔著：《资本主义文化矛盾》，严蓓雯译，南京：江苏人民出版社，2012 年，第 78 页。

宗教对于奢侈和享乐行为的看法是大致相同的，即都仅仅将之视为是一种非道德、一项罪孽，这使其观点的说服力大打折扣。尽管贝尔的观察十分仔细，但由于其文化保守主义观点的遮蔽，他没能看到自古以来的奢侈行为（或者说，浪费行为）在社会行为中都有其心理学依据。

而乔治·巴塔耶（Georges Bataille）则在此基础上更进了一步。他认为现代人之所以不能理解奢侈和挥霍行为的原因在于古典功利性原则的不充分性。自古希腊以来，人类的生活要求通常被分为两种类型，一类是基本的需求（need），这包括对食物和居所等基本生活保障的生理要求，是有一定限度的；另一类则是额外的欲求（want），这种欲求多是心理上的，且永不满足。根据这两种要求也相应产生了两套消费原则——第一套原则强调对生命的保存和延续，例如消费粮食、衣服等等，所有这些消费都可以被视为是生产性消费；而第二套原则只是为了满足心理需求，与前者不同，这种消费的作用并非为了自身的延续，它们是非生产性消费，例如对追求华贵的奢侈品，或是在宗教仪式上供奉丰盛的祭品；根据古典功利原则，这些行为显然都带有令人鄙夷的浪费性质，而巴塔耶用"耗费"（expenditure）一词专指这种非生产性的消费。

古典的功利主义对于耗费一向持有否定意见，因为它不合乎新教中先积累后享受的"延期满足"逻辑。然而巴塔耶却认为，耗费行为在人类社会中也扮演着重要角色，它遵循着"缺失（loss）原则"，一种无条件的耗费原则。这是一条长期存在的但却未能被古典功利主义所揭示的消费原则。缺失原则毫无疑问地体现在一些印

第安原始社会中,他们相互攀比的"夸富宴"(potlatch,又称"炫冬宴"或"散财宴")令人印象深刻:

> 在种种盛大的散财宴上,消耗大量的太平洋烛鱼油,这也被看成是在比着毁东西,这种油不仅慷慨地供客人们食用,而且也倒在火里烧掉……这时,主人面对烧掉房子的危险,也必须摆出毫不在意的样子。有的最大的首领还在房顶摆了一尊人雕像。人称为"吐油人",在它的身上装着一根管子,昂贵的太平洋烛鱼油从它的口中缓缓地流出,滴在房里的火堆上。①

在对夸富宴进行分析时,经济理性显得毫无用武之地,这也正是古典功利性原则的不充分之处——它没有办法解释这种看似"不理智"的举动,因为它根本不符合以利弊权衡作为行为杠杆的古典自由主义的经济原则。因此,人们只能得出一些片面的结论,例如斥之为道德败坏,或是解释为原始社会的不开化。显然,经济上的唯理主义在这里无法充分理解这种非生产性行为,因为正如巴塔耶所批评的,"某种讨论的意义每次都取决于'有用的'(useful)这一词的基本价值,换句话说,触及人类社会生活的问题只要一被提出来——无论是谁来讨论,也无论发表了什么意见——就可以肯定的是,辩论必定会走样,而基本问题也就被回避了"②。

---

① [美]本尼迪克特著:《文化模式》,王炜等译,北京:生活·读书·新知三联书店,1992年,第181—182页。
② [法]巴塔耶著:《色情、耗费与普遍经济》,汪民安编,长春:吉林人民出版社,2010年,第21页。

不过事实上，耗费行为也并非完全"没用"，但其用处并非体现在经济价值上。在这种夸富宴上，耗费行为的直接目的是为了获得心理上的快感——说得通俗点，就是通过浪费行为满足虚荣心。虚荣心是一种普遍的心理状态，例如人都有被赞美的需求，刻意回避虚荣心的存在反而是一种虚伪的表现，只有过分追求虚荣才是一种病态的心理。在过去，虚荣心的快感产生于大规模毁损财产以炫耀财力的行为中。在步入文明社会后，拥有财富的人渐渐意识到，与其将财产毫无保留地当众摧毁，倒不如私下将它们积攒起来。但这又产生了一个新问题，即如何在不摧毁物质财富的前提下满足财富阶层的虚荣心，这就催生了一种满足虚荣心的新方式，即消费奢侈品。中世纪的财富阶层习惯于将钱财花费在诸如修建教堂和举办公共庆典这样的功能性耗费当中，这在某种程度上也可以视为是夸富宴的残余形式。而在工业社会中，随着经济理性主义的崛起，消费行为的目的都明确地指向了消费者自身，因此财富阶层为了显示自身的荣耀，一方面仍然坚持功能性消耗行为（例如举办名流晚宴或者慈善捐款），另一方面开始积极投身于个人奢侈品消费当中。

耗费行为不仅使人的虚荣心感到大大的满足，它同时也是财富阶层体现自己身份的方式之一。通过购买具有极高溢价的奢侈品（这显然也是一种故意浪费钱财的行为），社会的财富阶层显示出了自己高人一等的身份。尽管许多传统人士仍视消费奢侈品为一种不道德的浪费行为，但今天这种炫耀性消费受到越来越多人的认可和青睐，因为它提供了一条展现个体差异的途径，故而凡勃伦（Thorstein Veblen）如是写道："炫耀性消费的要义是从事奢侈的、不必要的财务的消费，这种浪费也可为其博得好名声。仅仅从事满足生活必需的消费是让人沮丧的……"①

消费奢侈品如今已经成为了许多人认可的一种耗费行为。然而除此之外，奢侈品还有一位"孪生姐妹"——时尚。时尚也有与奢侈品相同的功能，那就是划分社会阶层："在那些社会结构不具有阶级分层功能的地方，时尚的本质是自分界功能——再加上模仿功能——构成的这一点特别地明显，在此情况中时尚向邻近的阶级显露自己。"② 个人或团体通过采用外来的方式显示自身的与众不同，从而确定了自己的身份。人们在时尚消费中投入了大量的金钱和精力，这诚然是一种耗费行为；但很多人没有注意到，在时尚的更替现象当中其实就隐藏着一种重要的耗费性质：数量众多的时尚现象如昙花一现，它们来了又走，从来没有在社会中真正成为一种稳定的风格，今年的流行风格到了明年就成了"土气"的同义词，而这样的情况时时刻刻都在重演。时尚就像是阿喀琉斯永远都追不上的那只乌龟，它总是在人们声称获得它的那一瞬间从指缝间狡猾地溜走，没人能够真正捕捉到它的本质。

尽管在现代社会中人们消费奢侈品和流行时尚的行为已经逐步获得了合法性，尤其当中产阶级不断崛起和可支配收入不断增加时，对虚荣心的满足和对中产阶级身份的确认也使得人们对于奢侈品的需求变得日渐迫切；而来自中产阶级家庭的青少年也通过不断

---

① ［美］凡勃伦著：《有闲阶级论》，程猛编译，北京：北京出版社，2012年，第42页。
② ［德］西美尔著：《时尚的哲学》，费勇、吴曦译，北京：文化艺术出版社，2001年，第74页。

地消费流行时尚来增强彼此间的认同感。但这其中仍然隐含着一个危险——一个大众时尚品位和消费倾向被诱导的危险。通常的观点认为，时尚都是由社会上层所发起的，这种通常被默认的观点遭到了动摇。过去的文化理论家认为，根据"滴流"理论（Trickle-down Theory），时尚首先由社会上层发起，之后其影响力不断扩大，终于渗透至社会中、下阶层，因而引起了其他阶层对社会上流的竞相模仿。不过，尽管时尚史大多数时候只记录了上层社会中的流行现象，但历史当中也出现了许多与上述观点相悖的例子，例如风靡世界的牛仔裤：它于19世纪时首先出现在美国西部，由于布料便宜且耐磨而广受美国牛仔和矿工的欢迎，而这种劳动工人的服装今天却博得了许多人的欢迎，甚至还出现了许多价格不菲的高级牛仔裤；另一个例子是嘻哈音乐（Hip-hop）：这种起源于美国黑人社区的大众艺术由于受到了青少年的热烈追捧而在上世纪末迅速走红，并成为当今流行音乐领域最重要的类型之一。

一些人根据这些历史上的反例，驳斥那些认为时尚是由上层阶级驱动的理论。例如挪威的时尚史学家拉斯·史文德森（Lars Svendsen），他认为"滴流"理论在对时尚进行分析时，其有效性是有限的：

> 如果近距离地观察时尚史就会发现，"滴流"理论只是局部正确。在更大程度上，过去40年里时尚的发展恰恰是向相反的方向进行的……事实上，那些在社会上层牢牢坐稳的人，开始越来越与最新的时尚无关，相反，那些在上层社会地位不

稳的人却更加时尚。……从这一点看，"滴流"理论的要素并不适用于最高阶层，这里并不是最伟大创新的发源地。①

不论是牛仔裤还是嘻哈音乐，近百年来许多时尚的创造者都属于社会下层，这一点的确无法反驳。社会下层尽管受教育水平相对落后，但其创造力却远不输给社会精英：古往今来许多精美的艺术品并非出于那些有名的王公贵族之手，而只是一些能工巧匠的作品，他们的姓名不幸被历史悄悄地掩埋了。

不过，尽管"滴流"理论在此显示出了解释效力上的短板，但仍然值得争辩的一点是：社会下层虽能创造时尚，但这并不意味着其能够成为时尚影响力的扩散者——时尚影响扩散的中介始终被社会上层牢牢控制着，大众可以作为时尚产品最终的消费者、解码者，但却不一定是时尚产品的直接生产者、编码者。民间的文化创意必须要经过社会资本阶层的编码，被制作成大众文化的产品，才能成为真正的时尚。在《解读大众文化》一书中，约翰·菲斯克（John Fiske）通过分析对麦当娜（Madonna）的音乐录影带（MTV）和歌词，认为麦当娜虽然被称为"男孩玩具"，但她反叛不羁的形象却也激发了女孩子们反抗男权社会的意识。可我们也要问，假如麦当娜的音乐录音带未经过音乐公司的包装和大众传媒的营销，她会获得如此巨大的成功吗？菲斯克总结道，"麦当娜的流行是权力与抵制、

---

① ［挪威］史文德森著：《时尚的哲学》，李漫译，北京：北京大学出版社，2010年，第42页。

意义与反意义、快乐和争夺控制权的复合体"①,可是利用男权社会的建制(商业公司和大众传媒)来反对男权社会,这一招到底是否有效呢?麦当娜的乐迷最终并没有都成长为女权主义者,而女权主义者也并不都是麦当娜的"粉丝"。同样的,现代绘画艺术家经常与时尚品牌进行"联姻",在时装产品中人们经常会在服装和皮包上发现著名现代艺术家的作品:2003年,著名奢侈品品牌路易·威登(Louis Vuitton)的艺术总监马克·雅各布斯(Marc Jacobs)邀请日本大众艺术家村上隆(Murakami Takashi)进行产品设计,村上隆最终的设计作品"樱花包"引发了消费者的抢购狂潮。2009年,路易·威登又推出了以已故的美国涂鸦艺术家史蒂芬·斯普劳斯(Stephen Sprouse)的作品为主题的"漆皮玫瑰花手提包",当时也引起了时尚圈的热议。注意,尽管斯普劳斯和村上隆都是当代前卫艺术中的佼佼者,但他们的作品如果不通过与路易·威登这样的商业品牌进行合作,或许很难拥有如此巨大的经济价值,更难成为当时的流行时尚。

换句话来说,时尚和流行仍然是大量占有社会资本的阶层加工后的产物,尽管它的"原材料"并非源自于这些社会阶层。换而言之,时尚仍是资本阶层生活价值的反映。所以,对于奢侈品和流行时尚的渴求,归根结底就是追逐社会精英阶层的价值观。这并不是说要反对人们追求上流社会的生活方式:追求任何生活方式都是人的自由,他人无权干涉。但是在一个以消费主义为主导的社会中,

---

① [英]菲斯克著:《解读大众文化》,杨全强译,南京:南京大学出版社,2001年,第11页。

人们对于奢侈和时尚的追求真的发自内心吗？这种欲望真的不是由他人事先规定好的吗？这种追求真的没有受到由商人炮制的消费主义所诱导吗？

如今不仅社会上层追求奢侈和时尚，所有人都对奢侈品趋之若鹜（仿冒的名牌货让一些不怎么富裕的人也有了满足虚荣心的机会）。但上流社会生活方式难道仅仅等同于对奢侈品和时尚风格的占有吗？上流社会的生活特征不只是物质生活的极大丰裕，更意味着精神世界的充分满足，后者才是精英生活的根本特征。仅仅对奢侈品的消费和对时尚的占有永远不会让人感到满足，仅仅坐拥一堆代表上流社会生活的景观和伪语境并不能让人的心灵真正感到充实。这也正是奢侈和时尚的狡猾之处。但出于商业利益的考虑，消费主义对这个问题故意避而不谈，而仅仅粗俗地在精英生活与享乐主义之间画上了等号，并且顽固地试图激起人类无休止的消费欲望。

更进一步而言，通过操纵奢侈品和流行时尚的变化趋势，消费主义控制了人们日常消费的方向，这似乎又一次隐约使人感到极权的危险：奢侈和时尚要求所有人都要与众不同，并且"将其自身的逻辑强加于几乎所有领域，因而变得无所不包"[①]。消费主义正是利用了这条逻辑，它通过舆论诱使人们在一定范围内——这个范围当然是预先设定好的——"自由"地寻找他的个性。而许多人为了满足虚荣，为了赶潮流，为了不被人嘲笑为"老土"，被裹挟进了这股追逐"自由"的风潮（当然在他们看来，追逐潮流可是主体

---

① ［挪威］史文德森著：《时尚的哲学》，李漫译，北京：北京大学出版社，2010年，第28页。

自愿的选择,他根本没有意识到,这种追逐潮流的欲望是大他者的欲望,是一种早已书写在社会内部的法则)。可矛盾的是,既然选择的范围都是预先设定好的,那么这"被迫获得的自由"又如何算得上是一种真正的自由呢?

二、绝对客观和公正的新闻?

作为当今社会最主要的信息传播者,报纸和电视对于新闻报道的客观性曾有过严苛的要求。17—18 世纪的新闻记者被严禁在描述中添加任何自己的观点,"记者们必须按照事情的原样如实报道,像机器,不允许有偏见、不允许有润饰、不允许有风格,千篇一律。报道中幽默或显示个性的词句,被一一挑选出来,诘问一番,剔除掉"①。不过,这一带有淳朴实证主义色彩的早期写作风格并没有一直延续下来,19 世纪激进的政党报刊和工人报刊的出现,对新闻客观性第一次提出了挑战:政党将报刊作为喉舌相互攻讦;无产者们也从资产阶级政客那里学会了如何将报纸作为阶级斗争的阵地,并通过工人报刊宣传和组织社会主义运动。但政党报刊和工人报刊都没能持续太久,政党报刊由于明显的党派偏见而饱受批评,而工人报刊由于缺乏可靠的资金来源、不受三流欢迎的意识形态和不稳定的工人运动等负面因素的影响,多数只能维持 2—3 年的寿命。

继而兴起的便士报由于其低廉的价格逐渐占据了新闻报刊的主

---

① [加]哈克特、[加]赵月枝著:《维系民主? 西方政治与新闻客观性》,沈荟、周雨译,北京:清华大学出版社,2010 年,第 18 页。

导地位，并最终发展成了今天的商业报刊。根据布尔迪厄的分析，在现代新闻中，商业的分量要重许多："新闻场……更受制于市场的裁决，始终经受着市场的考验，而这是通过顾客直接的认可或收视率见解的认可来进行的。"① 商业报刊更加关注报纸的盈利情况：为了吸引更多读者，商业报刊的内容更加亲民，注重娱乐性。商业报刊虽然继承了民主运动的遗产，它也以大众论坛而自居，并不时针对社会现象进行评论。但相对于过去激进的工人报刊，它显然缺乏对于社会现状强有力的批判精神：

> 面对市场、自由民主的商业报刊的兴起也有其阴暗面……商业报纸将劳工们（必须承认相当含糊）对重大社会变革的激进呼唤转化成了一种温和的通俗话语，这种通俗话语对现存社会体制含有较少的敌意……他们追逐的是利润而不是成为激进情感的中心。它们的初衷绝不仅仅是为表达工人阶级的意志，而是为拓展大众市场进行的精明的算计。②

商业报纸的逐利倾向发展到了极致，便产生了 19 世纪末 20 世纪初的黄色新闻（Yellow Journalism）。黄色新闻以耸动的标题和煽情的描写吸引读者的注意，此举虽然大大刺激了报纸的销量，却也因此侵蚀了 18 世纪以来新闻界秉持的客观性原则。有时商人为了

---

① ［法］布尔迪厄著：《关于电视》，许钧译，南京：南京大学出版社，2011 年，第 111 页。
② ［加］哈克特、［加］赵月枝著：《维系民主？西方政治与新闻客观性》，沈荟、周雨译，北京：清华大学出版社，2010 年，第 15 页。

发行量甚至不惜在报纸上鼓动战争，典型的例子就是美国报业大亨威廉·赫斯特（William Hearst）。1898年2月15日，一艘停靠在古巴（当时仍属西班牙殖民地）哈瓦那港口的美国军舰缅因号神秘爆炸，船员死伤惨重。在爆炸原因尚未查明的情况下，赫斯特的《纽约日报》（New York Journal）便一口咬定这场事件都是西班牙人的阴谋，他的报纸头版使用了诸如"谁炸毁了缅因号？"、"炸毁战舰缅因号是敌人所为"、"海军军官认为缅因号是被西班牙鱼雷炸毁"等耸动的标题（见图5），叫嚣着要美国政府向西班牙宣战。一些历史学家认为，正是由于赫斯特以及其他一些报纸的煽动造势，使得美国国会最终决定向西班牙开战，而这些凭空杜撰、严重失实的新闻也让《纽约日报》的销售量直线上升。事后人们也纷纷指责赫斯特的行为有违新闻操守，但赫斯特本人对此事却一点也不感到后悔。

图5　《纽约日报》头版对"缅因号事件"的报道

由于商业因素对公共领域的入侵，客观性这条铁律在今天的新闻界已经遭到了严重破坏，一些子虚乌有的报道时常见诸报端。考虑到可能的社会影响及法律后果，今天被记者们捏造出来的内容也许不会产生直接的负面影响；但更多时候，失去了客观性的新闻就成了一匹脱缰野马，其恶劣后果往往会导致公众对新闻界的信任危机。新闻记者的社会声望已经毫无疑问地衰落了：新闻界曾被称为社会的第四阶级（the Fourth Estate），是客观公正的象征，尤其在美国水门事件以后，记者的威望由于揭露了政府黑幕而空前高涨。但如今，新闻界已然被人视为鱼龙混杂之地。2000年英国一项职业信任度的社会调查显示，认为记者说真话的受访者只占总受访人数的15%，而认为记者没有说真话的则占了78%。① 但即便不再像以前那样相信记者，人们仍然时时刻刻渴求新闻的"滋养"。不断被蚕食的新闻客观性和与日俱增的新闻需求形成了一对紧张关系，让人们对记者又爱又恨。

资本的力量在大众传媒领域的过度扩张已经引起了公众的反感，人们要求更加客观公正、不受商业利益诱导的新闻报道。不过，除了企业唯利是图的本性和一些媒体从业人员的行业自律精神不足以外，或许导致新闻客观性的瓦解还有其他客观因素。早期的新闻写作恪守实证主义的作风，这种写作风格避免了浮夸辞藻可能给读者带来的错觉，几乎是对现实逐字逐句的照搬。然而随着实证主义遭到越来越多的异议，人们开始意识到，所谓的"事实"不可

---

① 数据引自 [英] 桑德斯著：《道德与新闻》，洪伟等译，上海：复旦大学出版社，2007年，第3页。

能不受观察者自身价值的影响,因此实证主义的写作风格也相应遇到了麻烦;不仅如此,随着社会分工的进一步细化,各个专业部门之间也越来越难以沟通,这是更需要面对大众的记者将复杂的社会事实加以阐释。因此,人们开始希望新闻不仅仅能提供事实,更希望记者和评论员们能对相关新闻事实进行解读,帮助读者进一步了解真相。这一变化导致的直接后果,就是新闻的绝对客观性无可挽回地消亡了;于是人们退而求其次,转而寻找一种相对公正但也态度鲜明的报道,这也就是一种带有倾向性的新闻报道。不过在实践中,记者们发现要坚持相对公正的报道原则也是困难重重:没有一个记者能够在写作中真正做到既平衡又准确:倾向性报道如果强调准确性,往往一不留神就充满了偏见;而如果强调平衡,其观点就会变得模糊不清。

一些后现代文化批评家也加入了对新闻客观性的批判当中。他们中的许多人都认为,由于观察主体所代表的价值观必然会加诸于新闻报道中,因而读者永远都不可能知道事情的真相。新闻媒体对于战争的报道尤其吸引这些批评家们的注意,阿多诺说:"信息、宣传、评论,加上坐在第一排坦克里的摄影师和在前线牺牲了的记者,操纵舆论的高超手段和无意识的活动的结合,这些都掩盖了战争的真相。"[①] 而在海湾战争期间,鲍德里亚更语出惊人地提出"海湾战争不曾发生"的观点,他认为我们每天都没淹没在由大众传媒营造的"现实海湾"中,所有冲突、爆炸、死亡的场景都是通

[①] [美] 萨义德著:《文化与帝国主义》,李琨译,北京:生活·读书·新知三联书店,2007年,第458页。

过电子媒介的虚拟表达,虚拟和真实已经混为一谈,一般人无法加以区别,因此观众不可能获得任何有关这场战争的真实知识。鲍德里亚忧心忡忡但又无可奈何地说,"我们已经无能为力,毫无办法,我们唯一能做的就是拒绝相信有关冲突的任何真相宣称以避免被愚弄"①。

如果说倾向性报道已经对新闻客观性提出了严峻挑战,那么虚假新闻则彻底摧毁了新闻客观性的基础。美国记者珍妮特·库克(Janet Cooke)今天已经成为大学新闻系教材中的反面例子而被永远钉在了耻辱架上:1981 年,《华盛顿邮报》刊登了这位女记者的一篇报道,这篇报道讲述了一个吸食海洛因成瘾的 8 岁儿童的感人故事。凭着这篇"出色"的报道,库克获得了当年的普利策奖,但旋即就被人揭发出这篇新闻完全是库克凭空编造出来的,故事的主角根本不存在。最终这位记者不仅被报社开除,其普利策奖也被收回。虚假新闻中不仅将虚假的新闻带给读者,而且常常还充满了偏见,并且被狭隘的政客们所利用,这点在国际新闻中尤其常见。

仍有许多人坚守着新闻客观性的阵地,我们也应承认,新闻客观性仍有坚持的必要,因为它是新闻界可信度的基本保障。但另一方面,一些批评观点认为客观性的要求束缚住了记者的手脚,使记者成为了公共生活被动的守望者。不仅如此,死守客观性准则有时甚至会引起道德上的困扰。1993 年,南非摄影记者凯文·卡特(Kevin Carter)曾拍摄过一张反映苏丹难民生活的照片《饥饿的苏

---

① [加]哈克特、[加]赵月枝著:《维系民主?西方政治与新闻客观性》,沈荟、周雨译,北京:清华大学出版社,2010 年,第 88 页。

丹》，这张照片上的主角是一个刚刚学会走路的苏丹女童，她正要向不远处一个救济站走去，可她太虚弱了，走到半路便饿倒在地上，而在她背后蹲着的是一只虎视眈眈的秃鹰。凯文抓住了这个令人揪心的瞬间，并因此获得了1994年的普利策奖。但获奖三个月后凯文便自杀了，他的朋友后来这样描述他当时承受的心理压力：

> 凯文的道德感和人道精神开始更为频繁地受人质疑，凯文受到的压力也与日俱增。更让凯文无法承受的是他对自己在沃德（Ayod）那个炎热的一天里所做的事情也产生了怀疑；而且对此，他几乎每天要作一番剧烈的思想斗争。
>
> 凯文告诉《泰晤士报》的照片编辑南茜·李（Nancy Lee），他确信那个女孩确实走到了救济站。但是同许多人一样，李心里总觉得不舒服。如果凯文离救济站是如此之近，而且小孩确实已经饿倒在地，那么他为什么不走上一步给予帮助呢？在这样的情形之下，你会怎么做呢？面对悲剧在眼前发生，新闻记者的义务和责任又是什么呢？①

在图片上的事件发生的瞬间，卡特灵敏的职业嗅觉告诉他，这是一个不可多得的镜头，必须要捕捉下来；但作为记者的卡特不仅仅是大众的"千里眼"，他还是一个有血有肉、具有同情心的人类，道德的冲动在不断地催促着他采取行动，但实际上卡特并未这样

---

① ［英］桑德斯著：《道德与新闻》，洪伟等译，上海：复旦大学出版社，2007年，第141—142页。

做。毫无疑问，在灾难面前，公众难以满足的求知欲、新闻的客观中立准则与人的良知发生了严重冲突，这使得卡特的内心备受煎熬。我们不禁要问，难道作为一个合格的记者，在目睹各种人类社会的悲剧时，就只能袖手旁观、做一个绝对客观的记录者吗？作为人的本能告诉我们：显然不能。

但这样一来，传统意义上的新闻客观性准则就已经不可避免地消亡了；虽然这条准则仍有坚持的必要性，但在具体新闻实践当中，记者们不免会对其进行一番质疑。但新闻客观性的衰落也产生了一个副效果：对于商业报刊和电视台来说，既然客观性已经不能担当起衡量新闻优劣的终极标准，那就只能通过受市场欢迎的程度——换而言之，只能以发行量或收视率作为衡量新闻媒体成功与否的标准。公众的欲望和商业的原则再次控制了大众媒体的价值取向，一些电视媒体更是彻底抛弃了客观中立原则。

电视媒体原本所要面对的受众是异质的，因此必须保持意见的中立和多样性。但有线电视网的出现使得有线电视节目内容变得更为专业化，也出现了针对特定受众群体的有线电视频道，例如针对自然爱好者的国家地理频道（National Geographic Channel）、专门讲述历史的历史频道（The History Channel）、以儿童为主要受众的迪斯尼频道（Disney Channel）；不仅节目内容更加专业化，媒体的观点也越来越鲜明：一些专门的新闻频道，例如默多克旗下的美国福克斯新闻台（Fox News），为了吸引特定的观众，毫不犹豫地打出了新自由主义的旗帜。福克斯电视台由于其鲜明的保守观点而获得了不少忠实拥趸，也自然遭到了一些坚持新闻中立主义者和左翼人士的批评。

　　大众传媒也开始在新闻内容中加入大量的娱乐元素以争取更多的读者和观众，也就导致了新闻娱乐化（infortainment）现象的出现：新闻内容开始大量偏向娱乐、文化等软新闻，而政治、经济等硬新闻也逐渐"软化"。长期看来，这种变化有其弊端，它会导致一切严肃的政治事件非政治化，而社会花边新闻也可以上升为政治事件，进而模糊了娱乐节目与严肃新闻播报之间的界限。另外一个值得注意的现象是，新闻娱乐化还促使了近十几年来欧美涌现出大量的新闻谈话类节目（talk show）。这些节目都以鲜明的观点和主持人的独特风格而著称，例如自 1996 年在美国喜剧中心频道（Comedy Central）开播的《每日秀》（*The Daily Show*），就是一档以讽刺美国时政为主的政治新闻脱口秀节目。主持人乔恩·斯图亚特（Jon Stewart）自身的政治观点倾向于美国民主党，他对此也毫不掩饰，并时常在节目中以辛辣的语言和夸张的表演对共和党和其他相对保守的新闻媒体同行进行攻击。由于其观点更为开放和自由，《每日秀》博得了许多年轻人的喜爱，许多人声称自己正是通过该节目才了解当下时政的。尽管在新自由主义被西方奉为新时代神学的今天，《每日秀》这一类观点相对激进的新闻节目对此起到了某种平衡作用，在一定程度上也激起了人们对于政治事务的热情，但这些节目也存在一些难以逾越的障碍：首先，它们自身就远非客观中立的新闻播报节目，与它们在政治观点上的对手一样，这类新闻脱口秀也是一种情感和态度的宣泄。换言之，新闻脱口秀尽管增加了与观众之间的互动性，但并没有促进公民之间平等、理性的对话。其次，这些新兴的新闻脱口秀与那些态度相对保守的媒体运用的是同一套营销策略，那就是以一种轻松愉快甚至是哗众取宠的方式来获得眼球效应，最终的目标都是收视率。第三，从受众的角度而言，观众（尤其是年轻人）厌恶了新闻媒体口口声声宣称却从未真正履行的新闻客观性，而这些新闻脱口秀的确给人耳目一新的感觉，年轻人很容易被此吸引，因为他们寻求叛逆和革新的精神与这种媒体策略不谋而合："利用娱乐节目形式，以其包含的所有不恭和非礼含义，以及拒绝遵守虚假的客观性协议，而在处理公众关注的话题时颇有感触地表达意见，真的似乎是一种极其老谋深算的对这些年轻观众说话的方式。"① 但这种颠覆传统的新闻播报形式与以往恪守客观性的新闻节目相比并没有实质上的改变，观众似乎只是在其中寻找一种与传统新闻节目"拉开距离甚至揭露其地位的明确标志，而不是寻求更新或改革"②。换而言之，这只是老瓶装新酒而已。

或许我们应当更加乐观地看待这一类新闻脱口秀节目的涌现，他们将来可能会成为新闻节目革新的开端。不过就目前来看，这种新闻与评论相结合的方式仍然需要继续探索一个重要问题：如何在亮出鲜明态度的同时，既能使评论观点保持必要的客观性，又能充分展现公众意见在公共领域中讨论的全貌？这是一个亟待解决的问题。现代大众媒体危机的导火索是新闻客观性受到广泛质疑，直接

---

① ［澳］特纳著：《普通人与媒介：民众化转向》，许静译，北京：北京大学出版社，2011年，第75页。

② ［澳］特纳著：《普通人与媒介：民众化转向》，许静译，北京：北京大学出版社，2011年，第75页。

原因则在于公共领域平等对话的原则遭到商业逻辑的入侵,而一个心理层面的原因是每个人在获得发言的机会时,都充满了无限的求知欲和表现欲:在这个众声喧哗的时代里,在这个人人都渴望畅所欲言、人人都期待更多信息的社会中,出现一个荒唐的场面——意见越来越多,共识却越来越少;激情越来越多,理性却越来越少;激动的发言者越来越多,冷静的反思者却越来越少。

公众的无尽求知欲和表现欲所产生的需要催生了现代大型传媒业,也赋予了大众媒体一种隐形的权力,媒体因此可以根据需要对媒体的视角加以操纵,进而对受众的观点施以影响。因此人们多少会怀疑,今天的媒体呈现给我们的是否就是事情的原貌?如果不是,那么观众每天通过媒介接收到的信息又是什么呢?我们不能肯定如今新闻的内容一定真实(或一定虚假),但可以肯定:大众传媒告知我们的只是表象(甚至也许只是表象的一部分),仅此而已。

三、 炮制大众文化的奇观

在新闻领域之外,大众媒体在 20 世纪也更加积极地投身于文化奇观的建构当中。电视连续剧是当今电视媒体最热衷打造的文化奇观之一。90 年代初开播的美国科幻剧《X 档案》(*The X – Files*)至今仍被许多观众津津乐道;情景喜剧《老友记》(*Friends*)更为年轻人所熟知,它甚至被一些中国的英语教师推荐为学习口语和了解美国文化的捷径。针对美国中产阶级家庭妇女的连续剧《绝望的主妇》(*Desperate Housewives*)则更具有代表性,这部在全美掀起"主妇热"的连续剧从 2004 年开播至 2012 年结束,期间多次夺得美国单周收视排行榜冠军,并获得了金球奖等多项荣誉。

与同时期播放的其他电视剧——例如犯罪题材的《越狱》(Prison Break)、科幻题材的《迷失》(Lost)——相比,《绝望的主妇》其题材乍看上去并不吸引人,它主要讲述一个虚拟的美国小镇——美景镇(Fairview)中几位中产主妇的郊区生活故事。几位女主角的人物设定尽管各具特点,但也没有非常突出的地方:苏珊(Susan)可爱而甜美,勒奈特(Lynette)坚强而勇敢,加布里埃尔(Gabrielle)漂亮而可人,布里(Bree)高贵而完美。但这部电视剧的巧妙之处在于,以往的童话故事都说"王子和公主从此过上了幸福的生活",但对他们"幸福生活"的具体情况却只字不提;而《绝望的主妇》描写的正是这些"公主们"婚后的实际生活。在该剧主编的眼中,"公主们"的婚后生活显然一点儿也不浪漫,四位主妇尽管表面上光鲜动人,然而她们的家庭内部却危机重重——在第一季中,苏珊刚刚经历了一场伤心的离婚,生活十分孤独;勒奈特很想返回职场,但家中还有四个未成年的孩子需要照顾;加布里埃尔对郊区的生活和无趣的丈夫都感到厌烦,并试图勾引自家的园丁;布里努力想要做一个完美主妇,但面对生活中的种种缺憾时却无能为力。因此,《绝望的主妇》是对"王子公主童话"的颠覆,却又是真实生活的写照:每个女人都在追寻那个遥不可及的"公主梦",但最终结果却是心力交瘁。故事中的主角们每天都在欲望中挣扎,看似平静的每一天对她们来说都是一种折磨,因为她们的欲望无法得到满足。她们盼望一个闯入者,一个突发事件(或者更直接点说,一个"奇迹"),能够带她们脱离这无聊乏味的生活。于是,主角们踏上了各自寻求欲望满足的人生旅程,却发现欲壑难填:寻找刺激虽能得到一时的快感,但快感消散后却使人感到更加失落和绝望。受众(无论男女)都能从这四位女主角身上看到自己的生活困境:尽管现实生活并没有那么曲折多变,但每个看似成功的人心中都有无数未能满足的欲望,每个看似美满的家庭背后都藏着难言之隐。

《绝望的主妇》的另一个特点是以中产阶级家庭妇女作为观察的主视角。一般而言,电视剧相对不太关心女性婚后的生活状况(就算有也是以男性的视角),男权主义者们总是不自觉地将女性配偶视为自己的附属品,因此对他们来说,结了婚的女性不仅意味着魅力尽失,更意味着她们将降为男性的从属地位。他们期望自己的配偶能够成为一个模范妻子,意即:一个顺从的、全心全意为男性和家庭鞠躬尽瘁的"女佣"。婚姻对于传统的两性来说有着完全不同的意义,对于男性来说:"他们在婚姻中寻找自己生存的扩大和确认,而不是寻找生存的权利本事,这是他们自由承担的一项义务……对他们来说,这只是一种生活方式,而不是命运。他们可以选择独身的寂寞,有些男人很晚结婚或者不结婚。"① 因此对于女性而言,不结婚会被认为是嫁不出去的"老姑娘"而遭到耻笑;而婚后女性的生活也不会变得更自由。家庭主妇虽然获得了家庭内部事务的掌控权,却失去了一片更大的天空,她们被迫与社会隔离了起来:"女人在结婚时获得世界的一部分'封地',法律保证她不受男人任性的支配,但她变成他的仆从。在经济上,这个共同体的

---

① [法]波伏瓦著:《第二性Ⅱ》,郑克鲁译,上海:上海译文出版社,2011年,第203页。

首脑是他，因此，在社会看来，体现这个共同体的是他。"① 依照这种观点看来，结了婚的妇女只剩下抚养孩子和照顾家庭的义务：家门外的世界不属于她们，那是男性动物厮打的天地；已婚妇女因此被剥夺了超越性，她们无法超越自己，更无法超越他人；真实世界与她们分离，她的眼中只有（也只能有）一个上帝，那就是她的男性配偶；也只有通过男性，妇女才保留了与真实世界那微弱的、间接的联系。然而《绝望的主妇》却彻底打破了男权主义的逻辑：婚后的妇女可以成为与男性一较高下的职场女强人，也可以将男人玩弄于股掌之间。剧中有一个例外，那就是一心想要做模范妻子的布里，但即使是她最终也意识到，"完美主妇"根本不存在，而这个理想的女性形象长期以来只不过是对女性自由的无情束缚。从这个意义上说，《绝望的主妇》既是对真实生活的仿写，也是对男权至上社会的批判。

　　成功的电视连续剧还有很多，并且题材各异；然而它们都有一个共同之处：它们都是电视媒体为观众营造的一个个文化奇观。作为现代大规模文化工业的产物，电视剧与麦当劳一样，都构成了一种现实和超现实（hyperreality）的奇妙杂糅：在麦当劳，干净整洁的烹饪环境和快速高效的配餐体系让人对现代式的美国快餐好感倍增；而电视上循环播放的麦当劳广告宣扬着家庭亲情和享乐主义，给观众营造了一种梦幻般的用餐氛围。因此人们能够深切体会到这种现代与后现代的结合给人带来的感受："总之，麦当劳的现代性

---

① ［法］波伏瓦著：《第二性Ⅱ》，郑克鲁译，上海：上海译文出版社，2011年，第203页。

体现在它的生产和消费方式上,而它的后现代性则通过梦幻式的广告宣传和消费文化奇观体现出来。后者把消费者带入了一个充满仿真和超现实视像的世界。"① 电视剧也与之相似:《绝望的主妇》本身通过现代化的流水作业生产,并且借助最新的拍摄技术保证电视剧的高质量,这是这部电视剧现代化的一面;而另一方面,《绝望的主妇》的内容又是超现实的,它所描写的美景镇是一个虚构的中产阶级社区,是美国价值观的代表,更是美国想要在全国(甚至全世界)推行的一套理想的生活模式;甚至可以说,虚构的美景镇比真实的美国还要真实,因为它不仅是美国白人中产阶级价值的典范,还是一个两性地位更加平等的社会,一个女性真正能够支起半边天的世界。

随着电视剧的成功播出,电视媒体也制造出了许多明星(celebrity);而在电视剧之外,大众媒体在体育赛事、社会新闻和政治活动中也制造了大批名人。从影视演员到体育明星,从政治要员到通缉逃犯,他们构成了当今大众传媒的一道奇景。无数的青年男女追星成风,将明星们视为英雄(hero)一样崇拜。但显而易见,这些人造的明星与历史中的英雄并不是同一类人:在过去,英雄之所以出名是因为他们具有某种伟大的品质,并成就了某项丰功伟业,他们的名望也随着时间的流逝而逐渐建立;而现在,许多人虽并没有特殊的才能却也能一夜成名,只是因为他们拥有很高的、由大众媒体制造并赋予他们的知名度(well-knownness)。现代明星只是

---

① [美]凯尔纳著:《媒体奇观——当代美国社会文化透视》,史安斌译,北京:清华大学出版社,2003年,第48页。

对过去英雄的拙劣模仿,他们仅仅在表面上具有相似性;明星是大众媒体带给受众的惊喜,使人们满足了对英雄的渴求,但实际上他们却都是不折不扣的伪事件(pseudo‐event)。但是,作为明星的回报太诱人了,它大大满足了人的虚荣心,随之而来物质报酬更是让人难以抗拒;不仅如此,观众也需要明星,在这个英雄和神明没落的时代,人们只有崇拜"金牛犊"聊以自慰。因此,许多做着成名美梦却又不愿付出汗水的人选择成为明星(尽管普通人能够成为明星的几率只有万分之一);而真正值得尊敬的英雄,如今只留下了往日的回响:

> 崇拜和寻找英雄的遗风依然存在,人们也仍能从尊敬英雄的行为中获得愉悦,但英雄自身却已经消失了。那些家喻户晓的名字,那些充斥着我们脑袋的名人几乎无一例外都不是英雄,他们是一种新的人造物,是图像革命时代对我们过度期盼(extravagant expectations)的回应。我们越是方便快捷地制造他们,他们的数量就越多,也就越不值得我们赞美。我们可以制造名望,我们可以轻易地让一个人成名(虽然这常常代价不菲);但我们不能让一个人变得伟大。我们可以制造明星,但我们永远无法制造英雄。从这个意义上说,有一件事已经几乎被人们遗忘了:所有的英雄都是凭借自己的奋斗而成功的。①

---

① Daniel J. Boorstin, *The image: a guide to pseudo‐events in America*. Originally published: 25th anniversary ed. New York: Atheneum, 1987, p. 48.

大众媒体的造星运动如火如荼，它们不仅通过电视剧和新闻来制造明星，近年来"造星"更为流行的一种方式是电视真人秀（reality show），例如《美国偶像》（*American Idol*）、《英国达人秀》（*Britain's Got Talent*）等节目将一些有表演才能的平民百姓包装成演艺明星，还有《老大哥》（*Big Brother*）、《学徒》（*The Apprentice*）等节目则将人们日常生活中的细节制作成节目播放。这些节目的特点是与观众的互动性极高，观众可以通过打电话、发短信或网上投票的方式决定节目的最终获胜者，并从中获得了参与的满足感。尽管有关真人秀获胜者内定的黑幕层出不穷，但观众似乎仍认定自己才是制造明星的推手。从这些真人秀中涌现出了大量的明星，这些典型的人造明星不仅让媒体从中获利匪浅，而且不论是明星还是观众的心理都在节目的制作过程中获得了极大的满足。

不过另一方面，这些名人的生活也被当做商品出售给媒介受众。人们渴望了解名人的私生活，而记者们则挖空心思从这些名人身上挖掘新闻材料以满足人们的需求。有心理学家因此反对真人秀，认为这种节目助长了窥探他人隐私的阴暗心理；不仅如此，真人秀中时常将一些社会中令人不快的场景毫无保留地展现给观众，这引起了许多人的不满。但真人秀的制作者对此却不以为然，他们认为人们观看真人秀只为图个乐子，甚至煞有介事地指出真人秀播出的那些令人尴尬和厌恶的片段反而会激起人们的思考，使人们对社会问题展开讨论，并使观众发展出一种批判式的观看模式。

难道真人秀真的具有社会教育意义吗？从一定意义上来说，这些电视制作人的说法并没有错，有时候真人秀节目的确发人深省：

来自苏格兰乡村地区的苏珊·波伊尔（Susan Boyle）已经年近半百，她一直想成为一名专业歌手；当形象欠佳的她初次登上《英国达人秀》的舞台时，台下的三位评委都流露出了不屑的神情，台下的观众也发出阵阵讪笑；然而在苏珊张口的一刹那，所有人都被她的声音所折服，许多观众甚至打热线告诉电视台，自己是哭着看完苏珊的表演的。事前谁也没料到，一个其貌不扬、身材走形的中年妇女，竟有如此天籁般的嗓音。真人秀似乎想通过苏珊的经历告诉所有人，只要坚持梦想就能成功。然而，我们切不可因此对真人秀的社会教育意义抱有太大期望。苏珊为梦想而奋斗的感人故事在真人秀节目中毕竟只是个案，她单纯而率真的性格在媒介奇观中更是少见。

苏珊的成功让所有人在震惊之余，也为自己以貌取人的行为感到羞愧。但更多时候，我们通过大众媒体观察这个世界时，就是"根据封面来判断书的好坏"①。观众都乐于接受摄像机镜头呈献的一切景象：明星的私生活在镜头前被曝光，只是为了满足观众无尽的窥私欲。有人将这种曝光明星隐私的行为形象地比喻为一场"献给媒体诸神的血祭"（a "blood sacrifice to the gods of publicity"），只需瞧一眼查尔斯·林白（Charles Lindbergh）的故事，人们便可知晓"人造明星"诞生和陨落的悲剧性过程了。

查尔斯·林白是第一个被美国新闻媒体称为明星的人。1927年，他完成了人类历史上首次单人不着陆的跨大西洋飞行，旋即成

---

① 西方谚语 Judge a book by its cover，中文通常译作"以貌取人"。

为了全美国人心中的偶像，更成为了报纸和广播电台的宠儿——《纽约时报》花了整整 5 个版面报道了林白的生平事迹，电台评论员也整天谈论着他。但让这些媒体着急的是，飞跃大西洋从技术层面上说实际上只是一件非常简单的事情（尽管在那时这一行为需要极大的勇气），媒体除了赞叹林白的勇气以外，实在没有什么可报道的；而林白本人是个年仅 25 岁的、有些腼腆的大男孩儿，他之前的生活经历也很平淡，根本没有值得挖掘的材料。于是，林白日后的私生活成了记者们争抢的对象，他与其他名人的会面、他的婚姻生活都成为了媒体热炒的新闻；而林白似乎也欣然接受了"明星"的头衔，这样一来，林白就自愿地成为了大众媒体制造的一桩伪事件（又或者说，他就像传说中祭祀仪式里那个自愿成为活祭的少女），他满心欢喜地拥抱了媒体赋予他的知名度，沉浸在做明星的喜悦中；媒体受众也从中饱尝了窥探隐私的快感；然而最大的赢家毫无疑问是大众媒体和记者，它们从中既扩大了自己的影响力，同时也赚了个盆满钵盈。

媒体对于林白的追逐在 1932 年 3 月 1 日达到了高潮，因为这一天林白三岁的儿子被人绑架了。这条消息转眼就成为了各大报纸的头条新闻，所有纽约记者在接下来的几天内倾巢出动，将林白的房子围个水泄不通。但实际上，绑架案的调查没有任何进展，因此所有的记者都没法获得任何有关案件的实质性内容。不过即便如此，记者们还是绞尽脑汁创造出了一堆新闻：

> 记者们的兴趣随后转移到了其他事情上，这些事情不那么

具有戏剧性,并且都是由他们自己炮制出来的。这包括绑架事件最初是如何被报道的,警察们犯下了哪些失误,谁会担任林白的媒体新闻发言人,谁又来担当与绑匪沟通的中间人。大部分媒体的兴趣仍集中在所有的新闻媒体是如何报道这一大事件的,以及林白夫妇是如何应对媒体的。①

记者们在这次绑架案中扮演了非常不光彩的角色,他们几次破坏了现场的证据,还通报了未经证实的多条假消息给公众,他们根本就是在帮倒忙;更令人气愤的是,林白家的这桩灾难被记者们打造成了一场狂欢节,许多自称与绑匪有联系的人瞬间也成了名人(结果其中多数被证明是骗子);记者们唯一缺少的,就是对这场灾难的中心人物——林白夫妇的真正关心。

但在这次沸沸扬扬的绑架案过后,记者发现林白身上的新闻价值已经被榨取无几了,便无情地抛弃了他,他的名字也越来越少地出现在新闻当中,直到他1974年离世。后来的林白作为一名公共发言人依然活跃在政界,但他的发言总是那么沉闷,而且充满了怒气和怨恨。不仅如此,他还在二战中接受过赫尔曼·戈林颁发的一枚纳粹荣誉勋章,并且同情德国纳粹,甚至成了一名反犹主义者,这些事情都让他的声望一落千丈。

林白的没落着实让人惋惜,人们不免要问,当年的航空英雄为何落得如此田地?林白或许该自我检讨一下,他为什么要屈服于成

---

① Daniel J. Boorstin, *The image: a guide to pseudo-events in America*. Originally published: 25th anniversary ed. New York: Atheneum, 1987, p. 71.

名的诱惑，为什么甘愿成为一位明星？但林白的遭遇也是值得同情的，是大众媒体强行将他塑造成了明星；或许当时年仅 25 岁的林白只是身不由己罢了——毕竟，一夜成名是许多人的美梦，名利双收的诱惑对于一个年轻人来说实在太难以抵挡了。然而我们又何尝不是大众媒体的受害者呢？媒体镜头的方向规定了受众视线的方向，通过制造具有象征力量的媒体奇观使我们每天都身处于惊讶之中，甚至还让大众产生了幻觉，以为大众自己才是公众舆论的控制者。当"超级女声"这类选秀节目在中国风靡的时候，许多观众和评论家都欢呼这是大众的胜利。这种想法难道不就像 Fort/Da 游戏里的孩子那样吗？他"天真"地玩弄着手中的木轴，以为自己才是使母亲消失/出现的原因，但实际上这种游戏只是一个补偿机制，用以补偿母亲不在的痛苦。而这个游戏的幻象，这个欲望的幻象遮蔽了现实不受自己控制的痛苦真相。

四、 大众传媒与政治的合谋

如果要问 2012 年 3 月全球网络上最热门的视频短片是什么，那人们一定会说是《科尼 2012》（*Kony* 2012），一部由名为"看不见的孩子"（Invisible Children，IC）的美国非政府组织所制作的短片。这段时长仅 30 分钟的短片制作非常精良，甚至可以媲美好莱坞大片；而其内容也十分感人，它通过讲述一个名叫雅各布的乌干达男孩的不幸遭遇，将当地军阀约瑟夫·科尼（Joseph Kony）血淋淋的暴行公之于众。科尼是乌干达反政府武装"圣主抵抗军"（Lord Resistance Army，LRA）的首领，2011 年该组织被非洲联盟正式宣布为恐怖组织。该组织主要活动于乌干达、中非和南苏丹地区，并且罪行累累，包括袭击、抢劫和绑架平民、强奸妇女等。而在短片《科尼 2012》中，"看不见的孩子"指控约瑟夫·科尼和其圣主抵抗军的最大罪名是强迫被绑架的未成年人充当童子军，并对平民实施屠杀。在短片末尾，该组织号召人们购买由该组织推出的一些产品以筹集资金，并将这些资金用于解救更多被科尼绑架的非洲儿童。

《科尼 2012》最初上传于 vimeo.com，一个相对小众的、针对专业电影制作者的美国网站；随后被转载至更为大众所熟知的 youtube.com，此后立刻呈现大规模病毒式扩散趋势，甚至瞬间漂洋过海传到了世界各地。它立刻成为了网络热议的话题，网民们（尤其是年轻人）也纷纷使用社交网站疯狂转载该片。毫无疑问，它在网络上成功地引起了人们对于乌干达儿童的关注，包括美国前总统在内的许多美国政界要人和演艺界明星也纷纷表示支持，人们慷慨解囊，纷纷响应该组织的募捐号召。

《科尼 2012》也立刻引发了其他大众媒体对乌干达国内时局以及这部短片本身的讨论。而此时，一些不同的声音也出现了。英国《卫报》(The Guardian)较早地在其网站上通过系列专题"事实检查：科尼 2012"(Reality check：Kony 2012)① 进行了态度较为中立的跟踪报道，其中的一篇报道《科尼 2012：事实究竟如何？》(Ko-

---

① 详情请见《卫报》网站中的系列专题 Reality check：Kony 2012
http：//www.guardian.co.uk/news/series/reality-check-kony-2012

ny2012: what's the real story?)① 对该短片中的一些观点提出了质疑:一些人首先通过调查,发现作为非政府组织的"看不见的孩子"内部存在着财务问题。其次,一些人对《科尼2012》所采用的具有煽动性的语言表示反感,认为它会使一些不明就里的人盲目地加入所谓的"运动"(即向该组织捐款、张贴宣传海报或是购买由该组织推出的产品),而这些做法对于乌干达的儿童根本没有直接性的益处。第三,该短片大大夸张了乌干达的局势。文中引用了一名长期在乌干达工作的记者迈克尔·威尔克森(Michael Wilkerson)的发言,说明了该片与现实的不符之处:

能赶走科尼是件好事,他和他的部队已经从事绑架和大规模屠杀活动超过20年了。

但有两件事我必须先说明:

1)约瑟夫·科尼现在早已不在乌干达境内了,这6年内也未再次出现。

2)尽管圣主抵抗军现在仍会给人们造成巨大的苦难,但它现在只有几百号人了。许多人尽管出于善意,却都被[引者:指这部短片]误导了,而这会对本已十分复杂的现实造成何种影响,还尚不清楚。

---

① 详情请见《卫报》网站中的报道:Kony2012: what's the real story? http://www.guardian.co.uk/politics/reality-check-with-polly-curtis/2012/mar/08/kony-2012-what-s-the-story? fb=native.

对于《科尼 2012》所涉及事件的真实性我们暂不评论。不过，尽管"看不见的孩子"的本意是好的，但为了达到自己的目标，该组织采用如此煽动性的宣传方式并且刻意夸大了事实，的确不值得提倡。它很容易就使人联想到了前文中左拉的那封《我控诉》，更使人想到了 20 世纪初美国的"黄色新闻"。更重要的是，这部宣传片尽管出于善意，却严重夸大了事实，扭曲了非洲的现状，其视角仍是西方中心主义的，这也难免会使非洲人感到恼怒：西方社会自己都尚且对这部充满了煽动性的短片感到一丝不舒服，而一些非洲人士更是感到自己的尊严被严重侵犯了。在另一个由非洲海外移民组建的美国非营利组织"非洲移民计划"（Project Diaspora）的网站上，该组织的运营者泰迪·鲁什（Teddy Ruge）用他不太熟练的英语发表了一篇文章《我的一点想法：科尼 2012 请尊重我的组织》（A piece of my mind: Respect my agency 2012!）①，愤怒地指责"看不见的孩子"粗暴介入非洲内部事务，并煽动更多不明真相的人加入他们。泰迪·鲁什的观点代表了许多非洲人的想法，所以出现以下的反应也就不难理解了：2012 年 3 月 12 日，当《科尼 2012》在乌干达一个露天场所公开放映时，许多当地人对于影片中的夸张说法感到不悦，愤怒的人群甚至向银幕投掷石块。一位当时也在放映现场的半岛电视台记者记录了当时的混乱场面：

> 这部影片轻视他们［指乌干达人，引者注］的遭遇，并借

---

① 详情请见"非洲移民计划"（Project Diaspora）的官方网站 http://projectdiaspora.org/wp-content/2012/03/08/respect-my-agency-2012/。

此进行商业化运作。影片中向人们推销手链和其他一些用于募捐的产品，目的在于让科尼变得臭名昭著。但当人们看到这些时，他们的情绪……变得愤怒了……

  结果，愤怒的观众一边投掷石块一边大声辱骂，其他人逃向了安全的地方，放映活动的组织者和媒体则躲了起来，现场只剩下一台放映机。①

  目前看来，《科尼2012》似乎是一场不太成功的运动：它是一个非政府组织通过网络媒体发起的一场不了了之的运动——人们的热情在随后几个月迅速衰减。它试图引起人们对于非洲儿童的关注（这点它做到了），并试图影响美国的政界（这点它失败了，美国政府并没有因此采取进一步的措施）。总而言之，它也许很对西方民众的胃口，但它的自以为是和傲慢态度却严重伤害了其他群体的感情。

  近几十年来，大众媒体频频向公共政治圈抛出橄榄枝，不论是总统竞选、议会辩论还是群众集会，我们都能见到大众媒体与政治活动的联姻现象。而政治家和身后的利益集团也乐见其成，他们也希望能够借大众媒体的东风给公共领域造成影响。连袭击世贸大楼的911恐怖分子都了解这一点："在全球媒体占主导地位的世界，恐怖奇观的壮观场面可以被用来吸引全世界的注意力，将恐怖分子

---

  ① 详情请见《华盛顿邮报》（Washington Post）2012年3月15日对此事的报道，Kony 2012 Screening in Uganda met with anger, rocks thrown at screen：http：//www.washingtonpost.com/blogs/blogpost/post/kony-2012-screening-in-uganda-met-with-anger-rocks-thrown-at-screen/2012/03/15/gIQADD98DS_blog.html。

的政治意图戏剧化，同时也能用以达到具体的政治目标。"① 今天大众媒体左右着人们的观点，甚至开始与政治合谋，这种现象究竟意味着什么？

先让我们来看看另一个大众媒体与政治合谋的经典案例：美国的总统竞选是许多文化研究者都关注的对象，而 1960 年美国历史上第一次总统候选人的电视辩论则是他们最喜欢加以剖析的事件。在这次电视直播的辩论中，民主党候选人肯尼迪（John Kennedy）以其俊朗的外形、灿烂的笑容和应对自如的答辩赢得了众多选民的支持，而共和党候选人尼克松（Richard Nixon）则让人失望，他总是阴沉着脸，打扮也很邋遢，而且在答辩中显得很是急躁。许多人分析，正是尼克松在电视上的糟糕表现才导致了他竞选失败。而反观肯尼迪，这位美国人至今仍然爱戴的总统不仅在电视辩论中大获全胜，在其任期内他也乐此不疲地利用媒体制造各种奇观："肯尼迪的执政期以史诗般的民权运动和越战为背景，铺陈了一部好莱坞大片的奇观式场景——包括盛大的就职典礼，猪湾（Bay of Pig）事件和古巴导弹危机等。"② 更不用提他那传奇般的风流韵事给大众媒体带来了多少爆炸性的新闻了。甚至暗杀肯尼迪这一悲剧性的事件也被塑造成一场奇观。直至今日，好莱坞导演仍在为这位"传奇总统"歌功颂德，不过对于肯尼迪是越南战争的始作俑者这件事，大众媒体却始终缄默不言。

---

① ［美］凯尔纳著：《媒体奇观——当代美国社会文化透视》，史安斌译，北京：清华大学出版社，2003 年，第 196—197 页。
② ［美］凯尔纳著：《媒体奇观——当代美国社会文化透视》，史安斌译，北京：清华大学出版社，2003 年，第 174 页。

这次电视辩论给日后的总统选举提供了许多启示。总统竞选人渐渐意识到一点，竞选口号并不是吸引选民最主要的手段，其施政方针在当选后能否付诸实施也并不重要。在竞选期内打造良好的公共形象，并且在当选后继续保持该形象，这才是最重要的。因此人们不难发现，总统一家站在白宫前的照片几乎可以当做是美国人传统观念中生活的理想形象：一对恩爱的夫妻，几个可爱的子女，外加一只宠物。这就是形象的力量。也因此，诋毁对手形象、炮制花边新闻甚至是制造假消息的行为都成了美国大选年最热闹的文化奇观。

但另一方面，竞选人之间的公开辩论原本是教育美国公民的最好机会，人们借此机会能在双方的辩论中琢磨自由和民主等概念的基本含义。但今天的电视辩论几乎变成了一场表演，或是一场政治问答比赛：重要的不是选手回答的内容，而是回答时的反应。电视媒体的演播机制是另一个重要的限制条件：在传统的辩论中，双方在回答问题时必须深思熟虑，而且需要较长的时间才能给出合理的答案。但在电视辩论中，长时间思考所引起的沉默就会让观众和节目编导难以忍受：

"电视和广播讨论的性质迫使人们把问题和答案来来回回地重复，就好像他们是一场智力网球比赛中的对手一样……因此，两位总统竞选人在各自的两分半钟内不断重复他们的答案，面对着摄像机和观众他们只能做出这种反应，他们没法思考。"当竞选者发现自己正要叙述的问题可能会超过两分钟时，他很快就退缩了。最终，留给观看电视辩论的选民评判的，不是有思想的人探讨过的问题，而是两位竞选者面对电视镜头压力时的表现。①

换而言之，当今的总统选举是一场精心策划的政治表演，如此缜密的媒体语言向人类展示了一个又一个文化奇观。真正的社会问题在电视中隐而不见了，严肃的政治议题变成了故事和图像，这些奇观（而不是真正的社会问题）成了人们关注的焦点。从中不难看出，大众媒体从一个信息传递的中介，变成了主动为人类勾勒社会"现实"的画家。尽管对于大众媒体创造的奇观我们反应各异——有人欢欣鼓舞，有人气愤不已，但我们要明白，这些奇观与事实相去甚远。

制造和控制着大多数文化奇观的大众媒体之间也存在着竞争。当新自由主义从上世纪 80 年代兴起以来，传媒业就一直进行着激烈的竞争与并购。这样做的结果是形成了数个巨大的传媒垄断集团：美国的广播电视领域基本上被全国广播公司（NBC）、哥伦比亚广播公司（CBS）和美国广播公司（ABC）三家瓜分，而有些传媒垄断集团甚至成为了跨国企业。在新自由主义的浪潮下，西方的公共电台/电视台除非有政府的财政支持（例如美国公共电视网 PBS），几乎无力与这些财大气粗的私人传媒企业竞争，因此被逐渐边缘化。跨国传媒集团如今拥有巨大的影响力，成为了这个时代呼风唤雨的神明；但传媒业内不时爆出的丑闻，都不得不让人对这些大型的传媒兼采恩（Konzern）无可匹敌的力量产生不信任感。

---

① Daniel J Boorstin, *The image: a guide to pseudo-events in America*. Originally published: 25th anniversary ed. New York: Atheneum, 1987, p. 43.

大型传媒集团也许不会像纳粹极权主义运动那样将他们的力量用于反人类事业,但在他们不可阻挡的商业扩张欲望面前,一些弱小的、有违他们意志的不同声音显得毫无反抗之力。不仅仅是因为他们无法在资源上与大型传媒集团抗争,更是由于新自由主义的制度不能保证这些代表少数人意见的媒体的存活。加拿大一家公共电台在上世纪80年代的遭遇也许值得深思:这家电台名叫温哥华合作电台(Vancouver Co-op,它的呼号是CFRO调频电台,以下简称CFRO),坐落于该市一个相对贫困的地区。这是一家非商业化的电台,电台所属权由该电台的会员共有,其节目都是由会员自愿提供的。因此,CFRO为许多无法在商业媒体中得到关注的问题提供了公共讨论的空间,它常常就劳工、妇女、少数民族和同性恋问题发表较为自由和激进的观点。而商业媒体有时会躲开这些敏感话题,因为这些敏感话题会对他们的商业利益造成伤害。因此,相较于自称"客观公正"的商业媒体而言,CFRO拥有了某种"不平衡性",因为他们不听从商业利益的指挥棒:

> 他们忠实于听众,不论听众群是支持劳工、支持巴勒斯坦,还是赞成同性恋,并且表达出他们所理解的听众的情感。在这个电台里还没有把提高同性恋看做是一个有争议的问题。对电台成员来说,用一个反对同性恋的节目来平衡每一个同情同性恋的节目几乎是荒唐的。①

---

① [加]哈克特、[加]赵月枝著:《维系民主? 西方政治与新闻客观性》,沈荟、周雨译,北京:清华大学出版社,2010年,第65页。

但后来，由于加拿大的犹太人组织对于 CFRO 的一档支持巴勒斯坦人的节目《巴勒斯坦之音》提出了上诉，这家电台的经营受到了严重挑战。根据新闻广播有关观点平衡的要求，加拿大广播电视委员会（Canadian Radio and Television Commission，以下简称 CRTC）对 CFRO 进行了警告。CFRO 虽然最终保住了《巴勒斯坦之音》这档节目，但根据 CRTC 的要求，电台不得不设置一个叫"平衡法规"的时段，专门播放一些反对巴勒斯坦人的观点。这种十分无奈的结局揭露了一个听上去有点诡异的事实：西方的社会弱势群体和激进团体在"观点平衡性"的要求下反而得不到在公共领域中平等发言的机会，而一些商业媒体的观点却在同样的"平衡性"要求下顺利地实现了"向右转"的目标。

问题的症结就在于商业化大众媒体所持有的新自由主义价值观在不断重复中渐渐成为了行业的标准，而这些商业媒体之所以成功将其价值判断上升为社会主流的共识，其根源在于人类对于利益无限贪婪的欲望。商业媒体的意见以公共舆论的方式出现在公众面前，并伪装成公共利益和社会共识，但这种公共舆论并没有经过公众的充分批判；换言之，今天的公共舆论并没有处于真正的公共领域当中，它仅被困在一个伪装成公共领域的私人领域当中；因此，今天出现在商业化的大众媒体中的（伪）公共舆论只是一种"脱离了公众的私人的非正式意见"，而这种（伪）公共舆论实际上是大众传媒与政治利益集团相互媾和的产物。

本 章 小 结

在一些人看来,认为大众文化具有暴力的倾向,这简直是天方夜谭。多数人认为,大众文化生长于民间,它与人们的生活(尤其是社会草根)有天生的亲缘性。认为这样一种广受欢迎的文化中潜藏着暴力和极权的危险,难道不可笑吗?但就像早先的许多大众文化理论家所说的那样,民间/群众文化并不等同于大众文化,许多人正是在这一对概念上发生了不可原谅的混淆。

再强调一遍:大众文化中的"大众"一词是一个传播学意义上的概念,它的含义与政治范畴中的"群众"或"民众"的含义并非完全等值。因此,大众文化与民间/群众文化也并非可以互通的概念。的确,两者间存在着许多共同之处,例如它们的受众面广泛,内容通俗易懂。但两者的区别也是显而易见的,从文化的发生学角度而言,民间文化自人类社会之初便已产生,它常常演化成为民间风俗、习惯或传统,并且通过口述等方式进行代际传承。但大众文化的产生乃是近几百年才发生在现代社会中的事件:随着大规模工业化生产方式逐渐深入文化生产领域,大众文化才开始萌发,并且借助大众传媒之东风才逐渐成长。更重要的一点是,生产大众文化的目的之一(或许也是最重要的目的)是赢利。就此而言,大众文化的生产方式具有明显的工业性,这是大众文化最为重要的特征,而民间/群众文化则不一定具有这一特点。

我们在这一章中对大众文化中的消费主义现象和大众传媒分别

做了一番检视。消费主义和大众传媒都是以自由和平等甚至是反叛传统的姿态出现在大众面前的,他们从表面上来看的确是具有张力的,但在令人目眩的大众文化现象背后,实际上却始终都在倡导、强调现代社会的父法:资本至上。这个资本可不仅仅是经济资本/金钱,更包括了象征资本和文化资本。这就是大众文化的精神分裂症:表面上是自由的代表,实际上是约束的象征。而人们对消费主义和大众传媒的无条件拥护,实际上都是对资本的无条件崇拜。所以也难怪新自由主义会成为这个时代西方经济学家和政治家们的新"神学",毕竟我们的头顶上高悬着现代社会的父法。现代人虽然失去了具体的信仰之物——我们不再崇拜某一个神或某一个人,但却仍然保持着对资本的信仰。如此一来,就算砸碎再多的"金牛犊",现代人也都没有真正洞穿自己的欲望,而那个欲望就是对于资本的跪拜。而此一欲望,恰恰是由现代社会的父法所规定的。而在走向并认同现代社会的父法之时,人也成为一个被阉割的主体,一个欲望永远不可能得到满足的主体。

第四章
漫长的征程

第一节　现代社会的自由危机

一、显在的危险：极权社会的恐怖

命名是对一种或多种事物授予名称符号的行为，而分类则是根据事物的特征将它们分门别类。对万物进行命名和分类似乎是人类古来已有的"天性"，根据拉德克利夫-布朗在《安达曼岛人》中的描述，每当一个安达曼人进入一个新的人生阶段时，其他人就会以新名字称呼此人。此时旧的名字被暂时抛弃，直到这个阶段过去后，旧的名字才会恢复使用。例如，一位母亲怀了孕，这对父母决定给孩子取名为 Rea，那么在怀孕期间，人们不再用孩子父母的旧名字称呼他们，父亲会被人称为 Rea aka-mai（意即 Rea 的父亲），而母亲则会被称为 Rea it-pet（it-pet 意为腹部），这种做法将一直持续到孩子出生后的几个星期，之后人们才会再次使用旧名来称呼这对父母；而处于成年礼之中的年轻人也有特定的称呼，人们会称其为 aka-op（意为受到仪式限制，需要对一些食物忌口）；而女孩儿到了青春期后，人们也会用她第一次月经时盛开的一种花的名字来代替她之前的名字，直到她生下第一个孩子。①

---

① ［英］布朗著：《安达曼岛人》，梁粤译，桂林：广西师范大学出版社，2005年，第66—77页。

语言的命名和分类能力对于人类来说十分重要,简单地说,这种能力使人能够区分出世界的主体和客体。只有通过命名和分类的行为,人类才能有效地认识世界,又或如沃尔特·李普曼(Walter Lippmann)所言:"大多数情况下,我们并非先看然后下定义;相反,我们先给出定义,然后再看。"命名和归类的过程还对人类产生了一个潜在的心理影响:通过将看上去杂乱无章的现象世界进行定义和区分,命名和区分的过程使人能够在万物皆流的世界中找寻到一份稳定感。

然而在现实生活中,命名和归类的能力既可以作为认识世界的工具,也可以用于破坏和毁灭。人类以言语贬低他人的能力具有悠久的历史,我们的语言中充满了针对女性、外来者、有色人种和同性恋人群的歧视性词汇。在民族矛盾严重的地区,冲突双方常会以污蔑性的称呼指称对方:1994 年,卢旺达爆发了举世震惊的种族大屠杀,造成近 100 万人死亡。当地图西人与胡图人之间的积怨由来已久,种族冲突时有发生,到了上世纪末,双方的矛盾已经变得不可调解。双方都将对方蔑称为一些恶心的动物,图西人称胡图人为土狼,而胡图人则在一篇文章《觉醒!》中称图西人是蟑螂。[①] 在相互言语贬损的过程中,有一个显而易见的特点:彼此都没有将对方视为与自己一样的人类。人们通过侮蔑对方,将对方比作低人一等的动物,进而将对方非人化。

纳粹也喜欢用一些肮脏的字眼来丑化他们的敌人,希特勒就在

---

① [美]史密斯著:《非人:为何我们会贬低、奴役、伤害他人》,冯伟译,重庆:重庆出版社,2012 年,第 126—127 页。

演讲中采用"细菌"、"脓疮"、"毒蛇"等极易引起人感官不适的词语来形容犹太人。政治极权主义的确深谙群众心理的运作方式,它明白"想象出一个一致的谎言世界,与其说是满足现实本身的需要,不如说是满足了人类思维的需要;其中通过纯粹的想象,使失根的群众能够感到自在,并且使他们的真实生活和实际经验在人类期望方面避免没完没了的震荡"①。处于长期不安状态下的德国人需要一个假想敌,来解释他们的生活质量以及国家状况一落千丈的原因,而欧洲大陆长期的反犹倾向,尤其是有关犹太人世界阴谋的故事,正给了纳粹可乘之机,希特勒正是通过对于犹太人的非人化而树立了自身的权威。

然而纳粹对于犹太人的非人化行径还不仅仅只有恶毒的咒骂而已,他们通过许多其他途径将犹太人从正常人类的社会分离出去。所有德国境内的犹太人都被要求佩戴印有大卫之星的袖章以便于识别;纳粹还颁布了一系列法律禁止犹太人与德国人通婚,以防止雅利安血统被"腐化";在二战中后期,犹太人被强迫集中居住,迫使犹太人与社会隔离;在集中营里,纳粹还强迫所有的犹太男女改名为亚伯拉罕和撒拉②;纳粹在集中营里的残暴行径更是为人熟知,一位犹太人幸存者事后这样描述他在集中营里的绝望:"我们每天捉着虱子,这时我们会产生相似的想法:'这是我的身体,它已经成为一具真正的尸体。我已经成为什么了?我只是被围在铁丝

---

① [美]阿伦特著:《极权主义的起源》,林骧华译,北京:生活·读书·新知三联书店,2008年,第454页。

② 根据《圣经》的记载,亚伯拉罕与妻子撒拉生下了以撒,而以撒的子孙就是犹太人,所以他们被认为是犹太人的祖先。但纳粹的做法显然带有歧视性。

网后面的一大群人当中的一部分；我只是因为失去了生命意义某一部分而开始腐烂的一大群人。'"①

　　以上种种行为意在否定犹太人也具有人性的事实，以此达到纳粹的目的：将犹太人彻底非人化。在上文曾经提到过的斯坦福监狱实验里，有一个与此十分类似的细节：为了使模拟监狱的情境更加逼真，研究者也决定抹去9名"囚犯"的姓名，让狱卒们只以囚犯的识别号码称呼他们，囚犯之间也只允许以识别号码彼此称呼。不仅如此，狱卒们还要求囚犯们在每天例行的报数当中大声喊出自己的编号，这条制度无疑是从真正的监狱规章中学来的，但却会对囚犯产生潜移默化的心理影响："许多监狱一开始就要求报数，是管理上的需求，以确保所有犯人都在场，并且没有任何逃监或是生了病留在囚房等等需要更多注意的情形。在这个例子里头，报数的第二个目的是为了让他们更熟悉自己新的号码身份，我们希望他们开始思考，自己和其他人一样是一个有编号的犯人，而不是有名有姓的一般人。"② 与上面的例子不同的是，囚犯编号本身与"蟑螂"这样明显带有污蔑性的称呼并不一样，编号的产生只是为了方便大规模监狱的集中管理，是现代社会的管理技术之一。但另一方面，囚犯在失去自己原本的姓名时，其最鲜明的个体特征也被随之抹去了。虽然人的姓名与编号有相同之处，它们都以一个抽象的符号代替了具体的概念，但人的姓名中往往寄托了深厚的含义，而编号则

---

　　① ［美］费舍尔著：《纳粹德国：一部新的历史》，佘江涛译，南京：译林出版社，2011年，第559页。
　　② ［美］津巴多著：《路西法效应：好人是如何变成恶魔的》，孙佩妏、陈雅馨译，北京：生活·读书·新知三联书店，2010年，第51页。

以一串毫无内涵的数字彻底遮掩了一个真实生命的存在。

从效果上来说，纳粹对犹太人的宣传手段和统治方式是极其"成功"的（目的也是极其邪恶的），它最"成功"之处就在于其将有关犹太人的谎言彻底变成了真实；换而言之，有关犹太人的问题"不再是一种人们可能产生意见的客观问题，而是像数学定律一样，变成了他们生活中真实的、而又不可触及的成分"①。如此，纳粹最终实现了将犹太人非人化的目标，实现了对犹太人的全面统治（极权主义 Totalitarianism 的字面意思就是全面统治）。

纳粹对于犹太人的非人化手段可谓令人触目惊心，但是，千万不要以为只有希特勒和纳粹党徒这样的反社会分子才会将他的敌人非人化，更不要认为只有身处战争和监狱这样的极端环境中人才会被剥夺个性。我们很快就会看到，在战后的和平年代里，那些生活在现代社会中的非人（inhuman）的境遇也好不到哪里去。

二、月亮的背面：大众文化的暴力性

"每个人都是一个月亮，他的阴暗面从未展示给他人看过。"马克·吐温的这句话似乎同样可以运用在形容今天的大众文化身上，而大众文化的这种内在矛盾实际上植根于现代社会内在的逻辑矛盾之中。马克思在《1844年经济学哲学手稿》中强调了现代社会的非人化现象，他称之为"人的异化"（alienation）：劳动在工业社会变成了一种痛苦的折磨，一种机械式的行为，而非快乐的创造过

---

① ［美］津巴多著：《路西法效应：好人是如何变成恶魔的》，孙佩妏、陈雅馨译，北京：生活·读书·新知三联书店，2010年，第465页。

程,因此劳动"是自我牺牲、自我折磨的劳动";而人的产物反过来统治人,导致了人类能动性的丧失和畸形发展。说到工业社会对人的异化作用,人们往往会联想到卓别林著名的电影《摩登时代》,片中卓别林扮演的工人笨拙地拧着螺丝,俨然成了机器的附庸。这种高强度作业的压力令人难以忍受,最终使主人公精神崩溃,以一种夸张而滑稽的方式破坏了整条流水线。然而与马克思和卓别林时代的社会相比,今天的世界无疑已经与昨天发生了巨大的改变。全自动工厂已经能够将劳动力彻底从流水线上解放出来,劳动者的待遇也得到了极大的改善,多数人的基本生活需求已经得到满足,并在现代科技的帮助下生活得更加舒适。在这种情况下,即便人们在收入上仍存在巨大差距,但固执地认为普通人的生活受到残酷剥削也显然有失公允。

今天的我们已经比过去更加文明,人们更加珍视人的价值,女性、有色人种、少数民族和同性恋等从前的边缘群体今天都积极要求社会正视他们的合法权利。但吊诡的是,人的非人化现象今天依然存在着:在技术的全面统治下,今天的人类发生了异化而成了物的奴隶。

人的生命必然要经过劳动和消费这两个阶段,现代便捷的科技已经能够使人把精力大部分投放到消费领域,这就产生了如何消磨大量的闲暇时间的问题。换而言之,即使今天自动化机械已经部分或全部地代替了劳动者,使人从无聊乏味的劳动中解脱出来,但人仍然没有从必然性中彻底解放出来。"未来自动化的危险与其说是自然生命令人哀叹的机械化和人工化,不如说是所有人类生产力都被吸收到一个极大地被强化了的生命过程中（尽管是以人工的方式），自动地、无痛苦地重复它周而复始的自然循环。"① 人类从劳动的痛苦中解放了出来，却又被另一种必然性束缚住了，这种必然性催促着每一个人把原本投入在劳动领域中的精力转投到消费领域中。马克思认为资本主义的生产方式将人变成了彻底的劳动机器，使人永远被束缚在机器上。而今天，人的非人化有了新的含义，它意味着人被异化成了一个消费者，不停地寻找可供消费（或者说浪费）之物。阿伦特在对马克思的异化观进行批判之同时，总结出了消费社会的弊端：

> 劳动动物的空余时间只会花在消费上面，留给他的空闲时间越多，他的欲望就越贪婪越强烈。这些欲望也会变得更加精细，以至于消费不再限于生活必需品，而主要集中在多余的奢侈品上，但这些变化都不会改变这个社会的本性，相反，它包含着更大的危险：就是最终没有一个世界对象能逃过消费的吞噬而不被毁灭。②

阿伦特这最后一句话尤其发人深省：也许一个以消费为主的社会最终吞噬的就是人本身。今天的人们把大部分的空余时间投入到了大众文化的消费领域中，就让我们检视一下20世纪大众文化领

---

① ［美］阿伦特著：《人的境况》，王寅丽译，上海：上海人民出版社，2009年，第94页。
② ［美］阿伦特著：《人的境况》，王寅丽译，上海：上海人民出版社，2009年，第94页。

域最重要的几项科技发明,看看阿伦特的论断是否有理有据吧。首先是电视:在互联网普及之前,看电视是 20 世纪后半叶人们最主要的娱乐活动。然而围绕着电视的争论一直不绝于耳,罗伯特·帕特南在其重要著作《独自打保龄》中重点分析了电视对于当今社会的影响。总体看来,帕特南认为当今的美国人(尤其是青少年)沉迷于电视,使得公民参与缺乏。虽然电视的内容大多与社会相关,但并没有因此促进人们更加踊跃地参与到社会交往活动中。相反,"过多使用这些新娱乐形式的人总是形单影只、被动消极、和他们的社区分离……在我们正在解开的这桩关于公民参与的谜案中,电视和类似的电子产品都至少是个从犯,甚至很可能是主犯。"[①] 人在独自观看电视时,不自觉地进行了自我放逐,将自己赶出了社会。而社会性是人类的基本属性之一,当人失去了社会属性,人就不能再被称为"人"了。帕特南对于电视的分析也可以部分移植到对于电脑和互联网的分析中去,但信息技术行业给现代社会造成的困扰恐怕还不止于此。根据英特尔(Intel)公司创始人之一戈登·摩尔(Gordon Moore)的断言,人们推断信息技术行业每 18 个月就会发生一次彻底的知识更新。科技的迅速进步固然值得称道,但由于人类身体(尤其是大脑)进化的速度远远赶不上科技进步的速度,而人类又不得不在工作中处理越来越多的信息,因此势必变得越来越依赖于电脑和互联网。不仅是在工作中,人们在业余时间里也离不开电脑和互联网。现代人几乎无一例外地患上了技术依赖综

[①] [美] 帕特南著:《独自打保龄:美国社区的衰落与复兴》,刘波等译,北京:北京大学出版社,2011 年,第 287 页。

合症，他们不能脱离现代科技而活。当代的大众文学和影视作品都对这一现代神经官能症表现出无限的担忧，并且催生了赛博朋克（Cyberpunk）这一科幻小说的分支。这类文学作品一般都将背景设定在未来世界，而主题通常围绕着人类与人工智能之间的斗争而展开，常常伴有浓重的反乌托邦和悲观主义色彩：电脑已经拥有了人类无法企及的高度人工智能；机器不再为人类服务，而是反过来主宰人类；人类生活的每个细节，从职业生涯到家庭生活，都被电脑预先安排好了，并且被随时监控。

弗雷德里克·泰勒（Frederick Taylor）曾经声称在工作过程中人应该适应机器，而不是让机器适应人，此话听上去不近人情，但在今天却成真了。长期使用电脑给人的身体带来的不适自不必提，更令人恐惧的是电脑对精神的无形控制。人们变成了电脑的奴隶，但浑然不觉："电脑已经变成一种介质，它把旧式的泰勒主义慢慢植入我们的大脑，大脑必须适应电脑，并听从它所发出的各种指令。简而言之，这是一种由身体奴役到精神奴役的转变。"[①]

让我们回过头来重新总结一下今天社会中的非人化现象。第一种非人化现象自古便有，它通过言语和行为贬低他人，将他人从身体和精神上驱逐出群体，它是一类人对于另一类人的非人化。而另一种非人化更为隐蔽，如果说马克思主义没能预计到今天的经济会达到如此的高度，以至于劳动者不再会为了牛奶和面包而奔走，这的确是马克思主义理论的不切合今天实际的一面。然而，从文化的

○ [德] 施尔马赫著：《网络至死：如何在喧嚣的互联网时代重获我们的创造力和思维力》，邱袁炜译，北京：龙门书局，2011年，第38页。

角度而言,马克思的异化观至今仍然保持着旺盛的批判效力:现代社会的非人化是技术对人的非人化,它转而将人变成了自己造物的奴隶。

以上我们对极权社会和大众文化的暴力面进行了一番陈述。看起来,虽然我们在大半个世纪以前击败了极权主义,但另外还有一股力量,正在阻击着真正自由的来临,这股力量在现代社会中的具体呈现方式,就是大众文化中的暴力性因素。而今天的人们似乎还没有彻底意识到大众文化的暴力面,也就更不用提对于现代资本主义进行根本性的反抗了。这里可能会产生两个疑问:第一,如何化解大众文化暴力性的一面?第二,未来希望究竟在何方?下一节中,我们将尝试着对大众文化目前的困境提出一些解决方法——尽管这些方法都不会是一劳永逸的,并且展望一下未来。

第二节 永远的反抗

一、未完成的革命

人类能否重建一套新的社会秩序?仅就本文来说,这个有些"大而无当"的问题已经远远超出了我们的讨论范围。但这个问题无疑直指现代性危机的中心。在希特勒的第三帝国中,纳粹所建立的极权社会的目标只有一个,那就是在一个传统理想和秩序破灭的世界中，通过重新树立起一座偶像，将人类再次塑造成为一个秩序井然的集合体。纳粹尝试重建一套秩序以"拯救"德意志，但结果却是荒谬的。就这一点而言，极权主义不仅仅是迄今为止最可憎的社会形式，也可以说是人类有史以来最绝望的一声哀鸣。

当然，这并不是对极权社会的失败表示惋惜，这样一个反人类的造物理应失败，因为它从一开始就注定了自己悲剧性的结局。极权主义建立在两个错误的基础之上：第一，它宣称热爱自己的族群，却将这种"爱"建立在仇恨和蔑视他者的基础上，它将其他人类族群进行非人化处理，将他们排除在了"人类"的定义之外。第二，即使对于集体内部，极权主义也并没有使人得到充分的自由，人们必须对权威保持绝对顺服。在这里我们可以很明显地看到，在极权社会中，每一个人的欲望都不再是自己的了，每个主体的欲望都完全是大他者（Other）的欲望。

极权主义的失败也向所有现代人抛出了另一个更为直接的问题：长期以来，现代人类的不安定感为何没有随着物质条件的极大改善而消失呢？回顾刚刚过去的一个世纪，任何人都会觉得不可思议：20世纪，这个人类历史上重大科学发明最多、全球贸易最活跃、人类生产力最高的一百年，居然也见证了两次前所未有的世界大战以及无数次地方冲突和种族屠杀。人们不禁要问，在科技和生产力发达的今天，乌托邦为何迟迟没有来临？历史上，许多人都曾试图构建乌有之乡，却都遭遇了惨痛的失败。幻灭的情绪促使了一大批反乌托邦色彩的文学作品出现。直到今天，人们似乎极力避免再提及那些曾经伟大的梦想。幻想破灭带来的剧痛是任何一个人都无法承受的,因此人类只能希望时间能够抚平伤痛,并从此将理想束之高阁。

浓重的悲观情绪弥漫着整个世纪。诞生于这一动荡时期早期的虚无主义认为生命与痛苦不可分割:"如果人的前半生的特征是对幸福苦苦追求,而又无法满足,那么,人的后半生的特征则变成了对遭遇不幸的害怕和忧虑。"① 继而登场的存在主义哲学也认为,人生而就是不自由的,不可能复归伊甸园,并且注定要被囚禁在由他人构成的地狱中。精神分析学则认为人类在心灵深处隐藏着希望返回母体的愿望:人类不可能重返母体,但仍然不顾一切地紧紧抓着这一永不可能实现的幻想。无需赘言,这一说法本身就暗含着一抹绝望的色彩。这种情绪甚至也蔓延到了大众文化领域中,高度繁荣的流行音乐中充满了伤感情绪,大众文学作品也对人类的未来表示忧虑,它们时刻提醒着人们:"这是最好的时代,也是最坏的时代。"

二战以后,西方的大众文化随着政治格局的大体稳定、世界经济的蓬勃发展和传媒技术的日益进步而迎来了一阵发展的高潮。但大众文化的繁荣并没有消解现代性的危机,人们的精神痼疾仍然存在。20世纪60年代,欧美各主要国家都发生了风起云涌的学生和民权运动,并且得到了大批左翼知识分子的支持。文化和精神的反叛是那个时代的主调,许多对现实社会不满的欧美年轻人有意地与社会主流保持距离,以一种独特而叛逆的方式生活,嬉皮士运动、

---

① [德]叔本华著:《人生的智慧》,韦启昌译,上海:上海人民出版社,2008年,第216页。

性解放运动和群居村都是这个时代的产物。这些文化革命的功过是非我们暂且不论，但这至少说明，尽管人们的生活逐渐回归正轨，但失去了精神和信仰支柱的疼痛仍然没有得到真正的缓解。种种运动表明，人类仍然期待一次更深层次的解放。

尽管未来究竟如何我们还尚不清楚，但有一点是肯定的：没有人会对当下的生活感到真正的心满意足。"改变"（Change）甚至已经成为了2008年美国民主党总统候选人奥巴马参加竞选时的口号，并且得到了众多美国人的呼应，这足以说明人们多么急切地希望未来有所改变。事实上，人们已经做出了许多努力，来试图改变人类未来发展的方向，上世纪中期的女性主义革命就是一例。近百年来，西方接受高等教育的女性人数大量增加，知识女性在今天已经是稀松平常的事了；女性国家领导人和政要更是层出不穷，她们在公共领域中表现得越来越活跃；而在文学和艺术领域，女性也日益发挥着积极作用；最重要的一点是，战后大量的西方女性开始涌入职场："在1940年的美国，和丈夫一起生活并为获取报酬去工作的妇女不足女性人口的14%。1980年，这个比例已经超过了一半；在1950年—1970年间这个比例翻了一番。"① 女性不仅在收入和社会地位上得到了极大的改善，其权力意识也在不断苏醒。

在文化研究领域，随着女性逐渐占据大学的讲坛，女性主义理论也开始大量涌现。然而女性主义一直以来都遭遇到强大的阻力：

---

① ［英］霍布斯鲍姆著：《极端的年代》，马凡等译，南京：江苏人民出版社，2010年，第321页。

这里一方面有来自于传统保守势力和宗教人士的批评，他们指责女性主义者支持堕胎和性自由等权利，把传统的宗教伦理和家庭观念搅得鸡飞狗跳，进而导致了道德沦丧和家庭破裂。而另一方面，女性主义也未能得到激进主义的积极支持。尽管许多现代的激进主义者都要求变革，但他们对于女性主义的态度却是模糊的——尼采和弗洛伊德都是著名的大男子主义者；而在欧洲的社会主义运动中，女性也没有占领较高位置："事实证明，苏俄也还不是女性的天堂，除了用于装点门面之外，女性依旧被排除在最高权力堡垒之外，而且她们还得一边到工厂做工，一边操持家务。"①

不仅如此，女性主义内部也是分歧不断。上世纪70年代激进的女性主义引起了巨大争议，她们将矛头指向了父权制的弊端，甚至直截了当地把男性作为敌人，并要求女性专政。除此之外，她们主张消除男女生理差别，并进一步认为女性在生理上才是更优越的。激进的女性主义还赞美女性的独特气质，认为它们远胜于男性气质。显然这种激进的女性主义在逻辑上与男权主义没什么不同，因而遭到批评也不足为怪。

一些女性主义者事后对自己的理论进行了修正。新一代的女性主义者强调，女性主义的本质不是要让女权取代男权，而是要实现性别平等；一些女性主义者放弃了原先的激进立场，呼吁两性之间停止争吵；有些甚至不再称自己为女性主义者，而把自己研究的领域命名为性别研究。以上的争吵、改变和修正都使女性主义在其研

---

① ［美］斯特龙伯格著：《西方现代思想史》，刘北成、赵国新译，北京：金城出版社，2012年，第569—570页。

究领域中产生了范围广泛的分歧。而同性恋、种族和第三世界等因素也在 80 年代逐渐加入了女性主义的讨论中，让女性主义的面貌变得更加难以捉摸（有一位印度的女性主义者自称是"来自第三世界的马克思主义女性主义者"），其理论结构的复杂程度令人惊讶。无论如何，女性主义者们的声音一时变得不再统一，而这种局面恐怕还要持续一段时间。

但诸多的女性主义者始终抱有一个共同的观点：她们至少希望女性能够获得与男性一视同仁的地位，而不是被视为男性的附庸。在女性主义对于现实的批判中有一点十分重要，即人们渐渐发现了社会中隐藏的男性至上的权力结构，由于长期以来男性对此乐见其成，女性则始终（被迫）保持缄默，以至于人们对这套结构熟视无睹，最终被当做理所应当的事而接受了下来。而在对于两性关系进行"考古"的同时，女性主义者们发现了这个尘封已久的秘密。不论是激进的女权主义者还是温和的女性主义者，她们都要求对这一古老的权力结构进行深刻的改变。于是，对于社会现象的批判，逐步转移到了对于社会结构的阐释和批判当中，结构主义便义无反顾地挑起了这项任务的重担。

二、不可能的任务？

女性主义者的研究成果大大激发了文化研究者的灵感，她们对于两性之间社会结构的揭露是深刻的（尽管并不彻底）。后殖民主义理论家弗朗兹·法农（Frantz Fanon）就试图把女性主义对于两性权力结构的批评套路引申到后殖民主义的理论中。在一篇文章的注释中，法农甚至直接这样写道："白人是主子，更简言之，是男性……"① 紧接着，60年代的欧洲迎来了一场知识的盛宴，而这场盛宴的主角是法国的结构主义者们。作为这一时期法国知识界的明星，福柯的反人文主义立场从开始就招致了不少保守者的批评，但他的巨大贡献在于他揭露了"话语"（discourse）的功能：权力结构隐藏于人的潜意识之中，它依赖话语支持，并且总是为统治阶级效忠。所以福柯认为只要揭示出话语在权力结构中的功能，权力结构就有可能被消解。

就后现代主义来说，福柯对人文主义的质疑和倒转是一个关键性的节点，他对以理性精神为核心的人文主义进行了彻底颠覆。尼采宣布"上帝死了"，是为了解开基督教给现代社会设下的枷锁；而福柯宣称"人死了"，实则是为了达到人的真正自由。现代社会的收容所、监狱、精神病院甚至学校，实际上都是一种具有训诫性质的社会机构。这些社会建制表面上维持着社会的稳定，暗地里却是对人的真实欲望的限制和禁锢。

在近年来受到好评的美国电视连续剧《美国怪谭》（American Horror Story）中，编剧虚构了这样一个发生在上世纪60年代的故事情节：一位医生为一名患有妄想症的女病人实施了脑部手术，使她恢复了正常。其实医生这样做还有一个不可告人的秘密：他要通过这个手术抹去病人的记忆，因为她无意中发现了医生的秘密身

---

① ［法］法农著：《黑皮肤，白面具》，万冰译，南京：译林出版社，2005年，第32页。

份——一名前纳粹。于是，观众在欢快的背景音乐①中迎来了这一集的结尾：这个曾经疯疯癫癫的女病人如今变成了一名温柔可人的贤妻良母，她挽着高雅的发髻，手中抱着孩子，脸上还洋溢着幸福的笑容，那副模样简直就是60年代美国男人对于家庭妇女的期望形象！她似乎完全忘掉了她曾经发现的那个骇人的事实！于是在这个女人和她的丈夫之间，出现了以下这段令观众回味无穷的对话：

丈夫："你看上去很幸福，宝贝儿。是发自内心的吗？"

妻子：（稍作停顿，回头望着丈夫）"我从未如此幸福过。"

注意，这是一个对话的断裂处：妻子在这里并没有正面回答丈夫的问题（若是正面回答，那么答案应当是"是"或者"否"）。我们能从这个断裂处发现什么吗？于是在这里，我们不禁要问：手术究竟成功了没？这个女人是否真的失忆了？如果手术真的成功了，这个女人就是真的失忆了，因此她那一脸天真的幸福表情自然也就是发自内心的了。然而手术若是失败了呢？那她就只是假装失忆。如此她也一定是不快乐的（谁能够忍受这种身体被侵犯的侮辱呢？），她的回答也就是一句彻底的谎言。可她为什么还要撒这样一个谎呢？她为什么不能直接告诉丈夫"我一点都不幸福"呢？

---

① 这首背景音乐的名字也很有意思，它叫做《这将会是一个美好的世界》(It Could Be A Wonderful World)，是上世纪五六十年代美国的流行歌曲。联系前后的剧情，此处使用这首歌也是别有深意。

女性主义者会说，这个故事实际上是现实世界中男性压迫女性的隐喻，这个分析固然不错。然而若是排除掉性别的因素，我们的分析还可以更进一步。在这个虚构的故事中，疯子掌握着世界的真相，而医生则用手中的训诫工具（象征着医生地位和权力的手术刀）让疯子闭嘴，试图使她变成了一个彻底驯服的"正常人"。而这个女人或是真正地、彻底地遗忘了她最初的欲望——揭露这个医生的真实身份，或是慑于这种惩戒机制而只得装成"正常人"的样子，将内心的真实欲望完全压抑。无论如何，这个女人的真实欲望都被那把象征着社会权力的手术刀阻断了，她的回答"我从未如此幸福过"是对她那残破身心的最大讽刺。在此状态下，她的原初欲望被阉割了，此时的她永远都是不幸的。这固然是一个十分夸张的虚构故事，如果你说这是美国电视编剧的"疯言疯语"也无妨，但这个故事真正想要讲述的，却正是人们对于现代文明的深层恐惧：对于我们的身体和行为被侵犯、被惩戒、被规训的恐惧。这是现代文明中暴力性的一面，但它却以一种理性主义的姿态出现。在理性的面皮之下藏着一台具有压制性的暴力机器，这不正是现代社会精神分裂症的突出表现吗？正是看到了这一点，福柯、德勒兹和拉康等人才会走上了一条看似大逆不道的"反人文主义"道路。

那么这条"反人文主义"的道路又究竟该怎么走呢？众说纷纭。福柯始终认为反抗权力是第一位的，一定要不停地进行反抗：既然现代社会以理性自居，那么他就以彻底的、激进的"疯癫"姿态拒斥之。但是拉康却提出了一个看似有些悲观的观点：彻底的反抗是不可能。他的这一结论无疑是来自于弗洛伊德,弗洛伊德曾经说过,精神分析学的最终目标就是要彻底地解除主体的症状,但是不可能的。所以,想要解除现代社会的精神分裂症从根本上来说也是不可能。因此,深受拉康影响的齐泽克经常嘲笑当今西方的左派政治是虚伪的,他认为西方的左派总是将"反抗"二字挂在嘴边,这都成了一种形式主义的陈词滥调了,但他们却始终不敢直视自己的欲望:"这样做,左派基本上是在玩弄虚伪的挑衅把戏。左派向主人(the Master)提出的要求,主人根本无法满足,还会把主人的软弱无力暴露无遗。……他们的要求无论如何都不会得到满足。这样做,他们既能够虚伪地满足自己清澈而激进的良知,又能继续享受自己的特权地位。"①

但虽说不能从根本上解除社会的症状,力图最大限度地减轻病症却仍然是可能的。而减轻病症的方法就是穿越欲望。在今天,我们崇拜现代的"金牛犊"——先是希特勒,后是资本。但崇拜"金牛犊"的实际结果,却使人们离真正的自由越来越远,也同时使主体变成了一个残破的主体、一个受制于大他者欲望的主体。因此看清这一欲望并努力穿越欲望,将是迈向反人文主义的第一步,也是向真正自由逼近的第一步,虽然这将是一段"路阻且长"而且永无尽头的反抗之旅。

---

① [斯洛文]齐泽克著:《欢迎来到实在界这个大荒漠》,季广茂译,南京:译林出版社,2012年,第66页。

本 章 小 结

就硕士论文的写作规范而言,这篇论文的前三章既然已经分析了"问题的起因"(第一章)和"问题所引起的现象"(第二章和第三章),那么在总结性的第四章里就应该对"问题所导致的结果"以及"最终的解决之道"进行陈述。但是在写作过程中,我发现要进行这样的写作是一件几乎不可能的事,因为这篇论文所要论述的是一个非常庞大的题目,这对才疏学浅的我来说就已经是一个巨大的考验了。一个更重要的原因在于,在一个后现代社会中,要对一个社会问题提出一项完美的解决方案是根本不可能的,因为后现代本身就处于未完成的状态之中。

至于具体的路应该如何去走,我相信每个人都会给出不同的答案。这个答案的具体内容实际上并不重要。真正重要的事情是:是否能够明白反抗的真正含义,并且时时刻刻身体力行。这里说一个作者亲耳听过的事情。2012年9月初,我和故乡的几位朋友决定在我回北京之前再小聚一下,结果当时有一位朋友迟到了。当我们问她为什么迟到时,她说她为尚在上学的弟弟买东西去了,所以耽搁了点时间。因为此时正值教师节前夕,我们就自然地以为她是给她弟弟的老师买教师节礼物去了。结果她断然否定了我们的说法,并且说了一番让我至今仍然记忆犹新的话:"我们不会在过年过节时给老师送礼,最多也就送一张贺卡慰问一下罢了。现在一到过节就会有家长排着队给老师送礼,我实在看不惯!我们为什么要违背自己的真实想法而屈从于社会上的惯例呢？我们不能助长给老师送礼的歪风，抵制这种恶习要从每个人自己做起。"

"我们为什么要违背自己的真实想法而屈从于社会上的惯例呢？"这句话真正地打动了我，而这句话也以一种最朴素的语言表达了这篇论文的核心观点。然而，要真正做到这一点，又是何其地困难啊！这种困难充分证明，反抗的道路是充满了荆棘且没有尽头的。但这并不意味着我们就应当放弃对于终极自由的追求，这是全人类自古以来的梦想，也是现今你我的梦想。

结　语

　　该是时候与这篇论文说再见了。然而，有关这个问题的思考却不应该就此停止。说实话，整篇论文的写作并不是一个十分愉快的过程，在这篇论文中我们看到了太多有关这个世界的残酷真相：犹如荒漠般的现实、极权主义的残忍行径、大众文化的暴力面……面对这些材料，读者和我大概都没法保持轻松愉悦的心情。但这又是不得不面对的现实：外科医生并没有因为病人不堪入目的伤口而拒绝对其施救，我们也不应该逃避这残酷的现实。这个现实就是，我们从根本上来说就是不自由的；不仅如此，在现代社会中人类很大程度上陷入了更大的也更隐蔽的束缚中。我们自以为把握了自己的思想，并且像英美经验主义哲学家那样以为主体是有意识的主体；我们以为能够对自己的身体进行为所欲为的改变，就说明了我们是自己身体的主人了。在此我们却没有发现，我们始终是不自由的，我们的欲望总是大他者的欲望。我们在现代社会中杀死了父亲，但父亲的幽魂始终挥之不散,并且随时准备返回人间。

不过,我虽然在这篇论文中一下子对现代文化提出了那么多指控,但我并非是对现代社会丧失了信心的愤世嫉俗者。我依然固执地甚至是自欺欺人地相信世界是美好的,充满了光明和爱的因子。但是在后现代的理论中,这个世界的表象受到了批判,爱的价值也频频遭到了质疑。在过去社会中,人们对于精神病人的"爱",就是将他们送入精神病院,用科学的力量"治愈"他们,让他们有朝一日能够复归社会。我相信,那时的精神病医生都抱有一种伟大的使命感,他们真心试图拯救这些迷失的灵魂。我从未质疑他们对于这份事业的热忱。但他们从未想到过,这种拯救方式虽然也称为"爱",实际上却是一种禁锢。过去的老师也常常使用严厉的惩罚方式规训学生,使他们符合学校和社会的规范,而"打是亲,骂是爱"更是中国父母挂在嘴边的教子良方。我也不敢否认老师和父母的良苦用心(谁不希望自己的学生、自己的孩子未来成为社会杰出的人才呢?)。但这种"爱"的方式却深深地扼杀了创造力的萌芽。

这样一来,是否说明爱就没有价值呢?是不是说人类就可以不要爱了呢?我想这样也不行,爱毕竟是人类之所以能够存活至今的重要基础。但在今天,爱的含义必须有所更新。一方面,我们应对爱的历史进行一场福柯式的"知识考古",去看看爱在原初状态的含义。用汉娜·阿伦特的话来说,爱的原初状态就是世间唯一的一种信仰——无条件的爱人:

> 我一生中从来没有爱过任何一个民族,任何一个集体——

不爱德意志，不爱法兰西，不爱美利坚，不爱工人阶级，不爱这一切。我"只"爱我的朋友，我所知道、所信仰的唯一一种爱，就是爱人。①

但是在今天，爱的具体表现又是什么？我们又应当怎样真正地"爱人"呢？正像上文所说，后现代理论已经对现代社会中爱的含义进行了深刻地质疑和反思。这至少说明，我们曾经拥有的"爱"中，也有可能包含着一种"甜蜜的"暴力因素，大众文化正是如此。对于这一观点，我想我在上文中已经阐述得够多的了。我在结语中只想再次重申一点：我并没有否认大众文化积极的一面（我自己就从大众文化中获得了许多快乐），但我们也不能忽视大众文化暴力性的一面。只有注意到这一点，人们才能真正走上通向自由的道路。至于具体用何种方式走在这条通向自由的道路上，那就敬请诸位读者各显神通、各显其能吧！

---

① ［法］克里斯特瓦著：《汉娜·阿伦特》，刘成富译，南京：江苏教育出版社，2006年，第109页。

参考文献

专著

［奥］弗洛伊德著：《图腾与禁忌》，文良文化译，北京：中央编译出版社，2009 年。

［奥］弗洛伊德著：《释梦》，孙名之译，北京：商务印书馆，2010 年。

［奥］弗洛伊德著：《摩西与一神教》，李展开译，北京：三联书店出版社，1997 年。

［奥］弗洛伊德著：《论文明》，徐洋等译，北京：国际文化出版公司，2007 年。

［美］拉比诺著：《摩洛哥田野作业反思》，高丙中等译，王晓燕校，北京：商务印书馆，2008 年。

［英］罗素著：《西方哲学史》，马元德译，北京：商务印书馆，2009 年。

周国平著：《尼采与形而上学》，南京：译林出版社，2012 年。

［德］韦伯著：《马克斯·韦伯社会学文集》，阎克文译，北京：人民出版社，2010 年。

［德］韦伯著：《新教伦理与资本主义精神：罗克斯伯里第 3

版》，[美]卡尔伯格英译，苏国勋等译，北京：社会科学文献出版社，2010年。

[美]格里芬著：《后现代科学——科学魅力的再现》，马季方译，北京：中央编译出版社，1995年。

[英]德波顿著：《身份的焦虑》，陈广兴等译，上海：上海译文出版社，2011年。

[英]伯克著：《法国革命论》，何兆武等译，北京：商务印书馆，1998年。

[法]托克维尔著：《论美国的民主》，张杨译，长沙：湖南文艺出版社，2011年。

[法]勒庞著：《乌合之众——大众心理研究》，冯克利译，桂林：广西师范出版社，2010年。

[西]加塞特著：《大众的反叛》，刘训练等译，长春：吉林人民出版社，2010年。

[德]曼海姆著：《重建时代的人与社会：现代社会结构研究》，张旅平译，南京：译林出版社，2011年。

[美]桑内特著：《公共人的衰落》，李继宏译，上海：上海译文出版社，2009年。

[法]莫斯科维奇著：《群氓的时代》，许列民等译，南京：江苏人民出版社，2006年。

[德]尼采著：《权力意志1885—1889年遗稿》，孙周兴译，北京：商务印书馆，2007年。

[德]尼采著：《尼采全集（第2卷）》，杨恒达译，北京：中

国人民大学出版社，2011 年。

［德］尼采著：《尼采全集（第 4 卷）》，杨恒达译，北京：中国人民大学出版社，2011 年。

［德］尼采著：《偶像的黄昏：或怎样用锤子从事哲学》，李超杰译，北京：商务印书馆，2009 年。

［德］尼采著：《悲剧的诞生》，周国平译，南京：译林出版社，2011 年。

［德］尼采著：《善与恶的彼岸》，梁余晶等译，北京：光明日报出版社，2007 年。

陈鼓应著：《尼采新论》，上海：上海人民出版社，2006 年。

［古希腊］柏拉图著：《理想国》，郭斌和等译，北京：商务印书馆，2011 年。

［古希腊］柏拉图著：《柏拉图的〈会饮〉》，刘小枫译，北京：华夏出版社，2003 年。

［法］伍泽著：《杜尚传》，袁俊生译，重庆：重庆大学出版社，2010 年。

［美］费舍尔著：《纳粹德国：一部新的历史》，佘江涛译，南京：译林出版社，2011 年。

［澳］博斯沃思著：《墨索里尼》，李宏强译，北京：国际文化出版公司，2004 年。

［美］兰格著：《希特勒的心态：战时秘密报告》，程洪雁译，北京：中央编译出版社，2011 年。

［英］霍布斯鲍姆著：《极端的年代》，马凡等译，南京：江苏

人民出版社，2010 年。

［英］弗尔布鲁克著：《德国史：1918～2008：第三版》，卿文辉译，上海：上海人民出版社，2011 年。

［德］奥茨门特著：《德国史》，邢来顺等译，北京：中国大百科全书出版社，2009 年。

［德］阿利著：《希特勒的民族帝国：劫掠、种族战争和纳粹主义》，刘青文译，南京：译林出版社，2011 年。

［美］阿伦特著：《伦理的现代困境》，孙传钊译，长春：吉林人民出版社，2003 年。

［美］阿伦特著：《极权主义的起源》，林骧华译，北京：生活·读书·新知三联书店，2008 年。

［美］阿伦特著：《人的境况》，王寅丽译，上海：上海人民出版社，2009 年。

林达著：《像自由一样美丽：犹太人集中营遗存的儿童画作》，北京：生活·读书·新知三联书店，2007 年。

［德］弗兰克著：《安妮日记》，彭淮栋译，上海：上海译文出版社，2011 年。

［德］汉萨尔著：《刺刀下的白玫瑰》，于智元译，王志佑校，长春：吉林人民出版社，1985 年。

［法］加缪著：《西绪福斯神话》，郭宏安译，北京：新星出版社，2012 年。

［美］弗罗姆著：《逃避自由》，刘林海译，北京：国际文化出版公司，2007 年。

［美］弗洛姆著：《健全的社会》，孙恺祥译，上海：上海译文出版社，2011年。

［美］弗洛姆著：《爱的艺术》，李健译，上海：上海译文出版社，2011年。

［法］卢梭著：《卢梭全集（第4卷）》，李平沤译，北京：商务印书馆，2012年。

［德］西美尔著：《金钱、性别、现代生活风格》，刘小枫选编，顾仁明译，上海：华东师范大学出版社，2010年。

［英］马林诺夫斯基著：《西太平洋上的航海者》，张云江译，北京：九州出版社，2007年。

［英］莫利斯著：《裸猿》，何道宽译，上海：复旦大学出版社，2010年。

［法］布尔迪厄著：《文化资本与社会炼金术——布尔迪厄访谈录》，包亚明译，上海：上海人民出版社，1997年。

［法］布尔迪厄著：《关于电视》，许钧译，南京：南京大学出版社，2011年。

［美］乔姆斯基、［法］福柯著：《乔姆斯基、福柯论辩录》，［荷］厄尔德斯编，刘玉红译，桂林：漓江出版社，2012年。

［法］福柯著：《规训与惩戒：监狱的诞生》，刘北成、杨远婴译，北京：生活·读书·新知三联书店，2010年。

［美］津巴多著：《路西法效应：好人是如何变成恶魔的》，孙佩妏等译，北京：生活·读书·新知三联书店，2010年。

［法］利奥塔尔著：《后现代状态：关于知识的报告》，车槿山

译，南京：南京大学出版社，2011年。

[美] 凯尔纳著：《媒体奇观——当代美国社会文化透视》，史安斌译，北京：清华大学出版社，2003年。

[英] 威廉斯著：《文化与社会：1780—1950》，包亚明主编，高晓玲译，长春：吉林出版集团有限责任公司，2011年。

[美] 佐京著：《购买点：购物如何改变美国文化》，包亚明主编，梁文敏译，上海：上海书店出版社，2011年。

[美] 波兹曼著：《娱乐至死》，章艳译，桂林：广西师范大学出版社，2010年。

[法] 德波著：《景观社会》，王昭凤译，南京：南京大学出版社，2007年。

[法] 鲍德里亚著：《消费社会》，刘成富、全志钢译，南京：南京大学出版社，2008年。

[德] 哈贝马斯著：《公共领域的结构转型》，曹卫东等译，上海：学林出版社，1999年。

[美] 贝尔著：《资本主义文化矛盾》，严蓓雯译，南京：江苏人民出版社，2012年。

[美] 本尼迪克特著：《文化模式》，王炜等译，北京：生活·读书·新知三联书店，1992年。

[法] 巴塔耶著：《色情、耗费与普遍经济》，汪民安编，长春：吉林人民出版社，2010年。

[美] 凡勃伦著：《有闲阶级论》，程猛编译，北京：北京出版社，2012年。

［德］西美尔著：《时尚的哲学》，费勇、吴瞡译，北京：文化艺术出版社，2001年。

［挪威］史文德森著：《时尚的哲学》，李漫译，北京：北京大学出版社，2010年。

［加］哈克特、［加］赵月枝著：《维系民主？西方政治与新闻客观性》，沈荟、周雨译，北京：清华大学出版社，2010年。

［英］桑德斯著：《道德与新闻》，洪伟等译，上海：复旦大学出版社，2007年。

［美］萨义德著：《文化与帝国主义》，李琨译，北京：生活·读书·新知三联书店，2007年。

［澳］特纳著：《普通人与媒介：民众化转向》，许静译，北京：北京大学出版社，2011年。

［法］波伏瓦著：《第二性Ⅱ》，郑克鲁译，上海：上海译文出版社，2011年。

［英］斯密著：《道德情操论》，蒋自强等译，北京：商务印书馆，2010年。

［美］米尔格拉姆著：《对权威的服从：一次逼近人性真相的心理学实验》，赵萍萍、王利群译，北京：新华出版社，2012年。

［美］马尔库塞著：《单向度的人：发达工业社会意识形态研究》，刘继译，上海：上海译文出版社，2010年。

［德］霍克海默、［德］阿道尔诺著：《启蒙辩证法——哲学片段》，渠敬东、曹卫东译，上海：上海人民出版社，2006年。

［英］布朗著：《安达曼岛人》，梁粤译，桂林：广西师范大学

出版社，2005 年。

[美] 史密斯著：《非人：为何我们会贬低、奴役、伤害他人》，冯伟译，重庆：重庆出版社，2012 年。

[德] 本雅明著：《单行道》，王才勇译，南京：江苏人民出版社，2005 年。

[德] 克拉默著：《本雅明》，鲁路译，北京：中国人民大学出版社，2008 年。

[美] 麦克艾文著：《夏娃的种子：重读两性对抗的历史》，王祖哲译，上海：上海人民出版社，2004 年。

[美] 艾斯勒著：《圣杯与剑——我们的历史，我们的未来》，程志民译，北京：社会科学文献出版社，2009 年。

[美] 布鲁斯—米特福德、[英] 威尔金森著：《符号与象征》，周继岚译，北京：生活·读书·新知三联书店，2012 年。

[美] 墨菲著：《文化与社会人类学引论》，王卓君等译，北京：商务印书馆，1991 年。

[美] 帕特南著：《独自打保龄：美国社区的衰落与复兴》，刘波等译，北京：北京大学出版社，2011 年。

[德] 施尔马赫著：《网络至死：如何在喧嚣的互联网时代重获我们的创造力和思维力》，邱袁炜译，北京：龙门书局，2011 年。

[德] 叔本华著：《人生的智慧》，韦启昌译，上海：上海人民出版社，2008 年。

[美] 斯特龙伯格著：《西方现代思想史》，刘北成、赵国新译，北京：金城出版社，2012 年。

［法］法农著：《黑皮肤，白面具》，万冰译，南京：译林出版社，2005年。

［法］克里斯特瓦著：《汉娜·阿伦特》，刘成富译，南京：江苏教育出版社，2006年。

吴琼著：《雅克·拉康——阅读你的症状》，北京：中国人民大学出版社，2011年。

［斯洛文］齐泽克著：《欢迎来到实在界这个大荒漠》，季广茂译，南京：译林出版社，2012年。

［英］费瑟斯通著：《消费文化与后现代主义》，刘精明译，南京：译林出版社，2000年。

［英］菲斯克著：《解读大众文化》，杨全强译，南京：南京大学出版社，2001年。

［英］斯道雷著：《文化理论与大众文化导论：第五版》，常江译，北京：北京大学出版社，2010年。

［瑞士］索绪尔著：《普通语言学教程》，高名凯译，北京：商务印书馆，2011年。

Hannah Arendt, *Eichmann in Jerusalem: a report on the banality of evil*. New York: The Viking Press, 1965.

Daniel J. Boorstin, *The image: a guide to pseudo-events in America*. Originally published: 25th anniversary ed. New York: Atheneum, 1987.

Gilles Deleuze and Felix Guattari, *Anti-Oedipus: Capitalism and Schizophrenia*. trans. Robert Hurley, Mark Seem, and Helen Lane, New York: Viking Press, 1977.

后 记

　　到北京学习的三年，恐怕是我人生到目前为止最大的转折了。头一次远离亲人、远离家园，来到一个全然陌生的环境，接触一些未曾谋面的陌生人，这些巨大的变化让我这个不谙世故的青年人感到有些头晕目眩（事实上我的确在这三年里头疼得厉害）。我对北京这样一座独一无二的城市既向往着，又恐惧着：向往，因为这是中国顶尖学者汇聚的圣殿；恐惧，因为这是一座让我感到陌生的荒原。所以每当学校放假时，我都会乘上第一班归乡的火车，返回那个让我万分思念的家。然而，我还能真正地重返那个令我魂牵梦萦的家吗？我家四周的环境已经变得面目全非了：南京为了迎接2014年的国际青奥会，到处都在进行路面施工，结果飞扬的尘土遮蔽了本来就不怎么晴朗的天空。故乡的朋友们也悄然发生着变化：他们或是成家立业，或是各奔前程，总之我们闲暇时聚在一起的机会变得越来越少。就连父母和亲人也与我印象中的不一样了：父母渐渐老去，他们不再像对待小孩子那样对待我，并开始（像大多数的父母那样）催促着我赶紧完成终身大事。这不是我记忆里的那个家，那个记忆中的家被时间所封印了。

　　看来，那个被我视为"伊甸园"的家，我是回不去了。不过，我应该执着于这股返回家园的欲望吗？我想我不能抱有这个幻想。

在北京尽管我过得并不幸福，却从未后悔过。因为这座城市教会了我如何面对真实的人生，而不是沉溺于自己那些甜蜜而幼稚的幻想当中。这座城市用她的"冷酷无情"把沉睡的我从美梦中惊醒，让我看到了世界真实的一面，我被入侵的实在界"灼伤"了。但这难道不是人生最有益的一课吗？与其在一种浑浑噩噩的快乐中过一辈子，倒不如在清醒的痛苦中目睹生命之真实，这样我也算是死得其所了。所以，我在致谢中首先要感谢的，并不是某个具体的人，而是北京这座城市。

人毕竟是有七情六欲的动物，面对生命的荒漠，我们总是需要情感的滋养才能存活。而那些无条件关爱着你的人，正是你生命的守护者。父母便是这样的人，他们对子女的爱从不计较回报，而子女面对这样无条件的关爱理应有报答之心。这也是为什么我总是在每个学期结束后便第一时间返回故乡的原因。子曰："父母在，不远游，游必有方。"然而为了追寻我的理想，我却又不得不远离他们，因此我总是觉得亏欠父母太多，却又不知该如何报答。平日里我是个笨嘴拙舌的人，而太肉麻的话又总是让人感到有些尴尬，但我只想真心诚意地向父母说一声：爸爸，妈妈，你们辛苦了。你们的滴水之恩，我来日定当涌泉以报。

我在北京也结识了许多良师益友，他们对我的鼓励和支持也让我能够在陌生的环境中生存下来。感谢中国人民大学的吴琼老师，他对我的论文提出了非常宝贵的修改意见，而他的课也使我获益良多。我的两位同门，鲍婧和石颖，一直都在鼓励着我，并在我需要帮助时毫不犹豫地伸出援手，我想在此对她们二位表示衷心的感谢。我的师姐李竞爽女士在这三年中一直非常关照我们几位晚辈，我也十分感谢她。还有我的同学李佳婷、朱振刚、李天翼……这份感谢列表还可以无限地写下去，篇幅所限，我在此只想对所有帮助、关心过我的人说一声：谢谢你们，你们的恩情我不会忘记。

最终，我想要郑重地向我的导师王列生先生致谢。是的，他坚决反对自己的学生写致谢，想必他看到这里也一定感到不快。但是他在我刚进校门时也说过这样的话："不要听你老师的话，做你自己想做的事情。"那么，向老师致谢，这就是我此时此刻想做的事情。但是，我并不想用那些溢美之词来赞美我的导师（谄媚，这正是他最痛恨的），我只想真心诚意地、用最朴实的语言向他致谢。实际上，王老师与我的接触并不算频繁，但这并不代表他不关心自己的学生——在那个寒冷的 11 月，在我论文写作最灰心丧气的时候，是王老师鼓励着我勇敢前行。说实话，我很难过，因为这篇论文的定稿并没有让他感到满意，我总是有一股辜负了期望的负罪感。但正如那时王老师对我说过的，只有自己努力变得强大，才能无所畏惧。所以我想对王老师说：谢谢您对我的悉心指导！也请您拭目以待，我将会更加努力地朝着心中的理想进军。

图书在版编目（CIP）数据

荒漠中的金牛犊：论西方大众文化的极权魅影/汪骁著．—北京：文化艺术出版社，2014.4
ISBN 978-7-5039-5770-3

Ⅰ.①荒… Ⅱ.①汪… Ⅲ.①群众文化—研究 Ⅳ.①G24

中国版本图书馆CIP数据核字（2014）第033160号

荒漠中的金牛犊
——论西方大众文化的极权魅影

著　　者	汪　骁
责任编辑	王　红
装帧设计	顾　紫
出版发行	文化艺术出版社
地　　址	北京市东城区东四八条52号　100700
网　　址	www.whyscbs.com
电子信箱	whysbooks@263.net
电　　话	（010）84057666（总编室）　84057667（办公室）
	（010）84057691—84057699（发行部）
传　　真	（010）84057660（总编室）　84057670（办公室）
	（010）84057690（发行部）
经　　销	新华书店
印　　刷	国英印务有限公司
版　　次	2014年6月第1版
	2014年6月第1次印刷
开　　本	880毫米×1230毫米　1/32
印　　张	8
书　　号	ISBN 978-7-5039-5770-3
定　　价	28.00元

版权所有，侵权必究。印装错误，随时调换。